中华先贤人物故事汇

李时珍

滕 毅 著

中华书局

图书在版编目（CIP）数据

李时珍/滕毅著. —北京：中华书局，2022.11（2025.6 重印）
（中华先贤人物故事汇）
ISBN 978-7-101-15835-9

Ⅰ.李… Ⅱ.滕… Ⅲ.李时珍(1518~1593)–生平事迹
Ⅳ.K826.2

中国版本图书馆 CIP 数据核字（2022）第 134151 号

书　　名	李时珍	
著　　者	滕　毅	
丛 书 名	中华先贤人物故事汇	
责任编辑	马　燕　董邦冠	
美术总监	张　旺	
封面绘画	纪保超	
内文插图	余晟文	
责任印制	管　斌	
出版发行	中华书局	
	（北京市丰台区太平桥西里 38 号　100073）	
	http://www.zhbc.com.cn	
	E-mail:zhbc@zhbc.com.cn	
印　　刷	三河市宏达印刷有限公司	
版　　次	2022 年 11 月第 1 版	
	2025 年 6 月第 5 次印刷	
规　　格	开本/787×1092 毫米　1/32	
	印张 5¼　插页 2　字数 50 千字	
印　　数	9001–11000 册	
国际书号	ISBN 978-7-101-15835-9	
定　　价	20.00 元	

出版说明

孔子周游列国，创立儒家学说；张骞出使西域，开辟丝绸之路；书圣王羲之，留下了曲水流觞的佳话；诗仙李白，写下了"举头望明月，低头思故乡"的名篇；王安石为纠正时弊，推行变法；李时珍广集博采，躬亲实践，编撰医药学名著《本草纲目》……

这些杰出的历史人物，有的是在中华民族文明进程中做出过突出贡献、对后世产生过巨大影响的思想家、政治家，有的是对中华优秀传统文化的传承传播发挥过重大作用的文学家、艺术家、科学家，有的是为国家安定统一、民族融合团结和中外文化交流做出过杰出贡献的军事家、外交家……他们为中华民族的繁荣发展做出了伟大的贡献，他们的行为事迹、风范品格为当世楷模，并垂范后世。

他们是中华民族的先贤人物。他们的思想、品德、事迹，是中华优秀传统文化的结晶；他们的故事，是对中华民族的禀赋、特点和气质最生动、最鲜活的阐释；他们的名字，在五千年中华文明史上最为光彩夺目；他们为五千年中华文明史书写了最为光辉灿烂的篇章。

为了解先贤，走近先贤，我们精心组织编写了这套《中华先贤人物故事汇》丛书，以翔实可靠的史料为依据，细腻动人的故事为载体，真实地呈现中华先贤人物的事迹、品格和精神风貌，彰显他们的贡献和功绩，激发人们对国家民族的热爱，对中华文明、中华优秀传统文化的崇敬。

开卷有益，期待这套丛书成为你的良师益友。

目 录

导　读

　　李时珍，湖北蕲州（今湖北蕲春蕲州镇）人，出生于正德十三年（1518）。李家世代行医，祖父是草药医生，父亲李言闻医术高明，曾入职太医院。但在"万般皆下品，惟有读书高"的时代，医生不仅地位低下，生活也得不到保障。父亲李言闻希望儿子能够考取功名，以改变家族的命运。

　　李时珍自幼聪明颖慧，十四岁时到黄州府应试，一举考中秀才，被誉为神童，家族振兴的希望全部落到他的身上。但李时珍对草木虫鱼兴趣浓厚，对父亲的医术也很是佩服。随着年龄的增长，李时珍对医学的兴趣越来越浓厚，离科举中第的道路也就越来越远。

在连续三次赴武昌应试都名落孙山后，李时珍做出了人生的第一个重大决定：放弃科举，专心行医。

这一年，李时珍二十三岁。跟随父亲学医后，李时珍的医术日益精进。至今，在他的家乡依然流传着很多关于李时珍医术高明的故事。他三十三岁时，因为治好了富顺王朱厚焜儿子的病而声名远扬，很快就被武昌的楚王朱英㷿礼聘为王府奉祠正，兼管良医所事务。

在明代，既没有规范专业的医学院校，也没有批准行医资格的审核制度，成为医生的门槛极低。只要识字，读过几本医书，就能成为手摇串铃、身背药箱的医生。

李时珍在长期行医过程中，发现历代医书均有不少谬误，如药名混杂的问题，至于服灵芝成仙、人肉入药的观点，更是害人不浅。李时珍深感，医与药关系颇重，关乎人命，于是一个宏大的构想在他脑海中产生，那便是重修《本草》。但历代的《本草》书都由朝廷主持编纂，个人要想完成这样的工作，完全没有先例，因此，难度大到不可想象。

三年后，李时珍被推荐到太医院，达到了其职业生涯的顶点。太医院为明王朝的中央医疗机构，拥有丰富的图书资料和医药标本。他日夜研读摘抄医药图谱，眼界大开。当时的嘉靖皇帝，热衷于修道炼丹，长期服食用砒霜、水银、雄黄、朱砂炼成的丹药，幻想得道成仙。在这样的背景下，医学不被重视，尽管李时珍一再呼吁，也没人愿意启动修订《本草》的工程。

在太医院工作一年之后，深感失望的李时珍做出了人生的第二个重大决定：辞官回家乡，一边行医，一边著书。

李时珍回到家乡之后，名声越来越大，但他始终默默坚持自己的理想，先后翻阅了《证类本草》等八百多部历代医药书籍，深感"纸上得来终觉浅，绝知此事要躬行"。他毅然决定走出家门，到大江南北去"采访四方"，这一年，他已经四十七岁。

他不仅在家中开辟药园试种各种药物，还长途跋涉，先后到武当山、庐山、茅山、牛首山等野兽毒虫出没的深山老林，足迹遍布湖广、河南、南直隶、北直隶等地。在那个交通不便的年代，李时珍付出了常人无法想象的艰辛，但也正是因为如此，才使得他对很多药物有了真切的认识。

李时珍从1552年动笔，到1578年完成《本草纲目》初稿，此后又经过十年三次修改，"岁历三十余稔，书考八百余家，稿凡三易"。可以说，这部书凝结了李时珍毕生的心血。

这是一部对16世纪以前的中国药物学进行全面总结的鸿篇巨制，全书192万字，16部，52卷，记载药物1897种，其中植物1181种，动物462种，矿物137种，附图1160幅，药方一万多个。本书记述详细，条理清晰，在中医中药的发展中，起到了划时代的作用。

遗憾的是，李时珍没能亲眼看到自己付出近三十年心血的《本草纲目》付梓。1593年，李时珍去世，三年后，《本草纲目》在金陵（今南京）正式刊行。17世纪传往日本、欧洲，一百多年后，英国生物学家达尔文在《生物进化论》中直接引用了《本草纲目》中的论述，赞叹这部书为"中国古代的百科全书"。

李时珍救死扶伤的高尚医德、坚韧不拔的求真精神、实事求是的科学态度，将永远激励着一代又一代的人们。

聪慧少年

一

　　嘉靖七年（1528）六月的一天，天气又热又闷，屋里简直待不下去。到了深夜，天边的乌云开始堆积。一道刺眼的闪电照亮整个天空，树叶飒飒地响起来。早醒的公鸡开始啼叫——每逢雷雨交加的时候，它们总是叫得特别早。空中响起轰隆隆的雷声，整个天空好像裂开了，大雨如注。

　　蕲州城外雨湖边，柳林深处的一户人家，母子二人正坐在一起，昏暗的烛光下，看得出来两人脸上满是焦虑。

　　窗外又传来一声炸雷，少年一边捂着耳朵，一边小声咕哝着："父亲怎么去了这么久还没回来？"

这里是蕲州名医李言闻的家，少年就是他的小儿子，十岁的李时珍。原来，当天中午，荆王府突然来了几个差人，说是荆王妃生病了，特意来请李医生前往诊治。这一去，到现在都没有回家。

"荆王妃身份高贵，万一有个闪失，丈夫怎么办？"

李言闻的妻子张氏一下午提心吊胆，结果等到太阳落山，又下起了雷雨，丈夫却仍然没有音讯。张氏坐立难安，时珍也要坚持要等父亲回来。

一个时辰又一个时辰过去了，窗外的雷声、雨声渐渐停歇了，桌上的蜡烛也快烧到了尽头。

几乎要睡着的时珍，恍惚中听到门响，他抬起头来，惊喜地看到父亲站在眼前："啊，父亲回来了。"

"父亲，您怎么去了那么久啊，再不回来我都要急死了。"

李言闻浑身上下已经湿透，满脸疲惫，但看到家人，心中无比欣喜。

"下这么大雨，王爷要留我在府中过夜，我就是担心你们牵挂，才坚持要回来的。"

"王妃娘娘的病治好了吗？"时珍此时睡意全无，连珠炮似的问父亲。

李时珍特别佩服父亲的医术，他从小就去父亲开诊的玄妙观读书，看到很多病人慕名前来，经过治疗后，大部分都能恢复健康。

他经常想："当医生真好，可以治病救人，天天闷在书房里读书，一点意思都没有。"

不过，这样的念头，他只能自己心里想想。因为每次说出来，平日温和的父亲都会变得严肃，把他狠狠地训斥一番。

李言闻不知道儿子此刻内心的波澜，他微微一笑，道："王妃早晨起来没多久，突然一头栽倒，不省人事。王府中虽有浦心韦、严政等几位名医，却不能诊断王妃的症结，吵得不可开交。试了几种办法，到中午时，王妃还是昏迷不醒，王爷感觉不能再拖下去，这才命人请我过去。"

"王妃得的是什么病？"时珍又问。

"时珍，不要再问了，赶紧让你父亲换一身衣服。"

李言闻摆了摆手，说："没关系，我边换边说。"

李言闻诊治之后，判断荆王妃之所以昏迷不醒，是因为有痰堵住了喉咙，于是开了祛痰的藜芦汤。没想到的是，药煎好之后，王妃牙关紧闭，想尽办法也不能把药汤灌进去。

李言闻见情势危急，果断提出，敲掉王妃的一颗牙齿。结果把王府上上下下吓得鸦雀无声，面面相觑。

"敲掉王妃娘娘一颗牙齿？"时珍嘴张得老大，情不自禁去摸自己的牙齿，"那得多疼啊？"

张氏也吓得目瞪口呆："王妃娘娘金枝玉叶，还是个老人，你疯了吗？"

李言闻看着母子二人瞠目结舌的样子，无奈地说道："我也不想敲掉她的牙齿，但实在没有更好的办法。王府的几个医生说我拿王妃的性命开玩笑，说我开的药方不管用，要治我的罪。但他们又拿不出更好的办法，王爷急得大发雷霆，杯子都摔碎了好几个。"

时珍听得入了神，问："那后来呢？"

李言闻想到当时的场景，面色不禁严峻起来，说："我是医生，宁可承担治不好的责任，也不能眼睁睁看着病人不行。我跟荆王说，所有的责任全部由我一人来承担。”

张氏一下哭了起来："真是祖宗保佑，大家都说不能敲掉牙齿，你偏要冒险，哪怕就说没本事治，王爷也不能拿你怎么样。万一敲掉了牙齿也治不好，岂不全是你的责任，我们母子怎么办？"

"当真敲了？"

惊讶和赞叹的表情像闪电似的在时珍脸上交替。

"不错。"

"后来呢？"时珍紧张地问。

李言闻笑着说："药汤刚刚倒进去没过多久，王妃娘娘吐了一口气，又吐出不少痰，人有了意识，就缓缓醒了过来。我给她开了调理的药物，只要再休息几天便可无事。"

"啊，这么神奇！"李时珍被父亲的医术和胆量震惊了。

张氏在边上一直念叨阿弥陀佛。

"哈哈，王府上下当时也是一片赞叹，直夸我是神医呢。"李言闻不禁捻起胡须。

时珍激动地手舞足蹈，说："啊，父亲太厉害了，敲牙齿救人，您不是神医，谁是神医？"

李言闻收起笑容，假装严肃道，"快去歇息，明日还要早起读书做功课！"

"我也要当神医！"时珍突然大喊一声。

李言闻着实被吓了一跳，说："你说什么？"

时珍嘟着嘴说："我不要读书了，我要和父亲一样治病救人，当一个被人夸赞的神医。"

李言闻脸色真的严肃起来，说道："荒唐！早就跟你说过了，学医是你哥哥的事，你要做的就是一门心思读好圣贤书，争取早日金榜题名，为我李家光耀门楣。"

"快去睡吧，也让你爹爹好好歇息吧，明天还要出诊。"张氏连忙站起来打圆场，把时珍连拖带拉地拽走。

二

"来吃南瓜稀饭了。"一大清早，张氏就招呼孩子们，时珍跑得最快。

时珍自幼身体羸弱，经常生病，全靠父亲为他开药加以调理。后来李言闻无意中发现蕲州家家种植的南瓜有"补中益气"之功效，于是经常给儿子煮南瓜稀饭，一段时间后，时珍的身体果然逐渐强健起来。

"吃完饭跟我到园子里去吧。"李言闻看着闷头吃饭的儿子心里想，"看来他是真的对学医有兴趣，得找个时间跟他好好说说。"

李家屋后是药圃，种满了很多药草，牡丹、芍药、贝母等，一年四季鲜花盛开。李时珍从小就喜欢在里面玩耍，见到不认识的就问父亲，李言闻经常一边栽种，一边给时珍讲解各种药草的功效。

李言闻和时珍吃完饭去药圃的路上，他问时珍："你可知道华佗？"

李时珍得意地说："我知道，华佗是个神医。"

"对，"李言闻说道，"他年轻的时候一门心思钻研医术，最终成为名扬天下的神医。"

"爷爷教我的五禽戏，据说也是华佗创造的。"时珍忍不住比划起来。

"可结果怎么样呢？"李言闻有些伤感，"华佗为曹操治疗头风病，只不过讲了实话，告诉他在短期之内很难治好，即便是长期治疗也只能延长寿命，结果就得罪了曹操。"

"后来曹操挟天子以令诸侯，想篡夺汉朝皇位，华佗不愿意为他治病，躲回老家，结果就被曹操派兵从家中抓走，打入死牢。"李言闻语速变得快起来。

"曹操手下有个很有名望的大臣叫荀彧，他向曹操申辩说华佗医术高明，可以救很多病人，希望曹操能放华佗一条生路。"

时珍没想到华佗还会被打入死牢，好奇地说："华佗是神医，肯定不会有事吧。"

"一点用处都没有，"李言闻愤怒地一掌拍在树干上，说，"你知道曹操说什么吗？他说神医有什么了不起，杀他就像杀一只老鼠一样。"

"啊，曹操真是个大坏蛋！"时珍又急又气，使劲跳脚。

李言闻叹了口气："一代名医，就这样冤死在暗无天日的牢狱里。死之前，他把自己一辈子的医术写在小册子里，偷偷塞给狱卒。没想到狱卒的老婆不知道是什么，一把火把它烧得精光。包括麻服散在内的医术，就此失传。"

时珍听得无比震惊："天哪！"

李言闻攥紧了拳头，说："医术再神，又有何用?! 医生的性命在权贵面前，如同蝼蚁一般，要你死就死。"

时珍似懂非懂地点了点头，说："原来神医不好当。"

李言闻想到往事，感叹地说："行医之路无比艰难，医术平庸，无法谋生；诊治错了，就是庸医杀人；医术高明，要被官府贵人如同仆役一般呼来喝去。即便如扁鹊、华佗这样的神医，依旧不得善终。我和你爷爷都深知行医不易，所以拼命想培养一个读书的种子，以改变家族的命运。你，就是这个种子呀。"

时珍若有所悟，又突然想到什么，说："父亲，您昨日在荆王府，明明可以选择不治疗，为何宁可自己冒险，也要治好王妃娘娘？"

李言闻一愣，心想儿子可真有见地，说："医者父母心，以前每次看到病人，哪怕付不起诊金，我也忍不住要出手医治。王妃娘娘虽然金贵，但在我眼中也是病人，当时情况十分危急，我是万万做不到袖手旁观的。"

时珍开心地拍手道："读书救世，行医救人，孟子说仁者爱人，不论是读书，还是行医，都要有一颗仁心。"

李言闻神色逐渐缓和下来，说："难得你如此聪慧，能说出行医和读书共通的道理。那你更要好好读书，不要辜负我对你的希望。"

时珍见父亲神色严肃，说："孩儿一定牢记父亲教诲，好好读书，考取功名。"

夜色已深，李言闻依然毫无睡意，看着祖宗神龛边上的对联："祖德永存后世旺，宗功常保子孙贤"，他心中感慨，"时珍会是那个改变家族命运的孩子吗？"

科考落第

一

滔滔长江西来，摇摆出一个几形大弯，弯内便是大明湖广行省治所武昌府。

这是嘉靖十九年（1540）九月初十，经历了漫长的酷暑之后，一天比一天凉快。江滨树木斑斓，空气中飘来甜甜的桂花香，零星的树叶从枝头飘然落下，若有若无的细雨如丝，让人觉得清爽又惬意。

府城内贡院门口一早就挤满了人，来自各地的两千七百多名考生，正在翘首以待激动人心的秋闱放榜。他们寒窗苦读三年，所期盼的不过就是今天榜上有名。

李时珍站在喧哗骚动的人群中，面色平静的他看上去与大家格格不入。因为这样的场面对他而言，已是非常熟悉。

他十四岁那年，就到黄州府参加童试，并一举考中秀才。回到家后，瓦硝坝的乡亲都把他当作神童。

此后，父亲就让时珍专心攻读四书五经，期盼他能考举人、中进士，从而改变家族世代行医的命运。

可命运就是喜欢捉弄人，从那以后，时珍连续参加两次乡试，都是铩羽而归。

李时珍看着父亲每天忙忙碌碌，想到全家人都在供自己读书，心情就无比烦闷。

"我不想再念书了，两次都没考中，不如跟父亲学医。"几年来，每次李时珍这样说，李言闻都要耐心劝慰一番："天降大任于斯人也，必先苦其心志。你天资聪慧，一定会有金榜题名的一天。"

"书上说，世上没有人比良医更有救人之心。请问父亲，这治病救人，不也是圣人之道吗？"

"学医难，行医更难，父亲实在不想让你继续走这条路啊。"

李时珍望着父亲鬓间的白发，心中不忍，说道："父亲放心，孩儿一定努力读书，争取金榜题名，光耀门楣。"

说归说，李时珍还是会经常偷偷溜进父亲的书房，打开各种医书翻阅。他每次都能被那些外形不同、功效各异的药物所吸引，一看就是好几个时辰，直到被父亲发现，"请"回去读书为止。

"医书可比八股文章有意思多了，如果这次再不能中举，我一定要回去禀告父亲大人，我实在不想继续浪费青春年华在考取功名上了。"李时珍正在浮想联翩的时候，身边的人群骚动起来。

"放榜了！"

贡院大门徐徐打开，数名衙役恭恭敬敬请出红榜，将其高高贴起。大家都很激动，李时珍也不由自主地踮起脚尖。

此时已有离得近的考生大声念起来："嘉靖十九年湖广乡试，中式举人九十名。第一名，谢登之，巴陵县学府学生；第二名，周之冕，黄州府学增广生；第三名，康正宗，宝庆府学生……"

每念到一个名字，就引来一片喝彩和道贺声。李时珍紧握拳头，屏住呼吸，生怕错过自己的名字。

不知道过了多久，报名字的声音终于停了下来。有人欣喜若狂，有人奔走呼号，有人痛哭流涕，有人捶胸顿足，世态百相，应有尽有。

"没有，真的没有，"李时珍又仔细看了一遍榜单，脸色越发严峻，"唉，又落第了。"想到家中翘首以盼的父母家人，他的一颗心也沉到了谷底。

"整整三十年啊，我考了十次啊。"不远处，一个头发已经花白的老人跌坐在地，老泪纵横。

"不，我不要变成那样，我一定要跟父亲大人禀告，我要学医！"李时珍内心深处暗暗下了决心。

"不为良相，便为良医。"李时珍不知不觉中大声说了出来，连他自己也被吓了一跳。

"兄台好见地！"李时珍这才注意到身边站着一位大约十五六岁的少年，眉目轩朗，衣着考究，举手投足间有着年轻人少见的沉稳之气。

　　"没有，真的没有。"李时珍又仔细看了一遍榜单，脸色越发严峻。不远处，一个头发花白的老头跌坐在地，老泪纵横。

少年向他拱手致意道："在下荆州府张居正。"

李时珍清楚地记得刚刚听到过这个名字，说："在下蕲州李时珍。"

"请问良相和良医之间什么关系？"张居正面带微笑地望着李时珍。

"东汉医圣张仲景在《伤寒论》中曰，'进则救世，退则救民'，孟圣曰，'仁者爱人'，而医者，仁道也。"李时珍侃侃而谈。

"医生治病救人，与儒家济世救人的道理是相通的，如果医术精明，上可以服侍高堂父母，下可以拯救贫苦之人，此外还能保自身长全。"

张居正击掌赞道："真是好见地！兄台这等文章水平，何不再读三年？"

"惭愧！在下这次策论写的正是这些，想来不合时宜吧。"李时珍不禁黯然。

李时珍摇了摇头，继续说道："国朝定科举以来，从洪武至宣德年间，会试录取每届不过一百名左右；正统五年才开始每届一百五十名左右；成化年间，又增为三百名左右。而乡试录取员额，景泰四年，不过为一千一百名至一千二百名，可这天下读书人成千上万，考中的能有几个？"

"不错，这么多的读书人为这么一点名额争得头破血流，蹉跎岁月耽误光阴。"张居正指着跌坐在地上的那位老人感叹道。

"贤弟就是十二岁便参加童试的张居正吧。"李时珍突然想起来，眼前这位少年号称荆州府神童，才气无双。十三岁那年参加乡试，本已考中，只不过巡抚大人顾璘和监试的冯御史认为他前途不可限量，故意让他多些磨炼，刻意没有录取而已。

看着眼前张居正稚气的面孔，李时珍想起数年前的自己，当时仍然充满希望，相信只要努力读书就能金榜题名，实现父亲的理想，可是残酷的现实终归击碎了梦想。

"也许有人就是天生读书的料，还有的人，比如我，就不适合走这条路吧。"想到这里，李时珍不禁释然。

"不能治世，那就治人，我要赶紧回去，禀告父亲大人自己弃文从医的决心。"既然心中的执念已经放下，李时珍恨不得插上翅膀飞回家乡。一条崭新的人生之路正在向自己招手，或许那正是命中注定的方向，而之前所有的岁月不过是无谓的流逝而已。

第二天，摇摇晃晃的船上，李时珍遥望远处的陆地和烟树遮掩下的武昌府，陷入了江水一样的茫茫思绪。

二

"孩儿想跟父亲学医。"李时珍恭敬地站在父亲面前，面色平静，眼神却流露出热切的期盼。

"又来了。"李言闻跌坐在椅中，几次想张嘴，却一个字也说不出来。

窗外有风吹过，树叶发出沙沙的声音，屋子里安静得连一根针掉在地上都能听见。

李言闻压根没有想到时珍会主动放弃科举，前天从武昌府回来以后，看他始终都是一副心事重重、欲言又止的样子。父亲以为是落第的打击太大，正打算找个机会跟他好好谈谈，劝慰他继续安心读书，没想到时珍居然说出放弃科举的话语。

李言闻想起二十多年前，儿子一岁时抓周的场景。家人按照习俗，准备了笔砚、书册、算盘、秤、木刀等。不仅如此，李言闻还故意加上了一个郎中用的摇铃。

小时珍被抱来后，左右张望了好久，终于爬到一本书前面，一把抓住了。

李言闻大喜过望："我们李家终于要出一个读书种子了！"

二十多年前的场景依然历历在目，只是当年幼小的婴儿如今不仅已经长大成人，还有了自己的主见。

大儿子李果珍不是读书之材，他只能把全部希望寄托在次子李时珍身上。李时珍不负厚望，十三岁考中秀才，名震乡里。

"你以为学医就容易吗？"沉默了片刻之后，李言闻看着眼前略显稚嫩的儿子，心中想到的却是自己从医以来的艰辛与坎坷。

李时珍眼睛直视父亲，说道："不为良相，便为良医，孩儿实在不想继续蹉跎岁月。"

"或许再读三年，就能金榜题名。"

"进则救世，退则救民，不管行医之路有多艰难，我也绝不后悔。"李时珍态度坚决。

"想要成为良医，不仅要熟读医书，学会望闻问切，还要熟悉各种药材。"

李言闻看着儿子倔强的表情忍不住笑了起来，气氛一下子轻松了不少。

李时珍紧闭着嘴，脸上的表情说明了一切：绝不改变主意！

三

在玄妙观坐诊一天的李言闻，怀着满腹的心事匆匆往家走去，一路都在思考如何找出更好的理由，劝儿子继续读书。

刚一推开门，时珍就跑了过来，手上拿着一本《内经》，着急与父亲交流："老子说，'不见可欲，使心不乱'；孔子说，'七十而从心所欲，不逾矩'，圣人都认为心是想事情的。可是《内经》中说，头脑才是主宰视听与运动的。"

李言闻看着儿子，问："你认为哪种说法对呢？"

李时珍摸了摸胸，又指指脑袋，说道："很简单，要想知道是心在想，还是脑在想，就看读书读久了，究竟是心累，还是脑累，答案就不言而喻了。譬如我读四书五经，整天头昏脑胀，但从来不会感到心悸心痛。还有，我今天为了想出理由说服父亲，恨不能绞尽脑汁，而不是捶胸思考。所以我认为，脑才是负责思考的。"

李言闻拊掌大笑，说："我儿真是有长进了，居然质疑圣人所言。不过你的看法，为父以为很有道理，很多人行医数十年，或许还不如你有见地。"

李时珍见父亲心情大好，取来一张纸递给他：

身如逆水船，心比铁石坚。
望父全儿志，至死不畏难。

李言闻一下愣住了，儿子坚毅的神情，让他的一切理由，都成了空中楼阁水中浮萍，不知再从何说起。

他凝视儿子片刻，挥了挥手，说："只要你能做个有用的人，为父不再反对你学医。"

李时珍喜出望外，道："谢谢父亲大人。"

李言闻看着欢呼雀跃的儿子，内心无比感慨："李家世代行医的命运难道真的是命中注定？"

他不禁又想起儿子抓周的场景，忍不住嘀咕道："既然要行医，当初为什么会拿起书？总不会是要写《本草》吧？"

李言闻刚说完就被自己的念头吓坏了，出门的时候，使劲摇了几下头，仿佛要把这个念头甩掉似的。

立志学医

一

初秋时节，天色澄澈高远，云影渺迹无踪，滔滔长江犹如丝带，从蕲州西南流过，江面上白帆点点，映出夕阳的金黄色光晕。鸿宿洲上，几只白鹭翩然飞过。

蕲州冈峦起伏，湖泊纵横。雨湖"春多桃李，夏盛芙蕖"，风景最为秀丽。不过李言闻并不在家，而是在玄妙观内的通明阁坐堂行医。

玄妙观是蕲州城内最有名的道院，始建于北宋大中祥符年间（1008—1016），平日里人来人往，香火旺盛。

自从允许儿子学医以后，李言闻就在医案旁增设了一个座位。他看病诊脉，口授药方，李时珍开药拿药，记录病案。没过多久，李时珍就把几百种中药记得烂熟于心，尤其是一百多种常用的"百病主治药"。

那些来玄妙观看病的人，看到李时珍并不陌生，因为他从小就经常随父亲到玄妙观读书写字。

"李家相公这是打算子承父业了吗？"一位前来就诊的病人好奇地问道。

李言闻拱了拱手，说："惭愧惭愧，大概我们李家天生就是当医生的命。"

另一个病人说："我们蕲州有句老话，'不管好不好，三次为满'，李相公已经考了三次，说明上天要你家再出一个神医。"

还有一位病人也忍不住插话："秀才学医，笼中捉鸡，他将来肯定也跟您一样，是个神医。"

李时珍听到别人夸自己，嘴角不自觉流露出某种自得的神情，恰巧被父亲看在眼里。

所有的病人都走了以后，李言闻把儿子叫到跟前，问道："想成为一名合格的医生，你知道需要什么条件吗？"

李时珍略微沉思，回答道："把父亲的医术全部学会。"

"错！"李言闻缓缓地说："想成为一名合格的医生，首先要做到四个字：对症下药。"

父亲的回答出乎李时珍的意料，他问道："那如何才能做到？"

李言闻没有直接回答这个问题，而是说："你还记得自己二十岁那年，得了一场大病，几乎丢掉性命吗？"

李时珍思绪一下子回到了几年前，当时正是第二次应试落第以后。苦读六年连考两科，依旧名落孙山，对年轻的他来说，不啻一次巨大的打击。

他每天吐很多痰，浑身上下如同架在火上烤一样，既吃不下饭也睡不好觉。当时李言闻正好外出行医，医生给时珍开了柴胡、麦门冬、荆沥等药服用，没想到吃了药之后，病情越来越严重。

一个月后，李时珍已经卧床不起，眼看凶多吉少。幸好李言闻及时回来了，他为儿子诊治后，确定是肺热肾虚，问了之前服用的药物，连连摇头说:"差点要了儿子的命啊。"

他记得元代名医李杲在医书中记载过一个病例,症状几乎和儿子一模一样,而治疗的办法就是黄芩汤。

果不其然,黄芩汤起到了立竿见影的效果。第二天李时珍身上的热就退了,咳嗽痰多的症状也逐渐好转,没过几天就能下地行走了。

"要不是父亲及时赶回来,我和家人恐怕已经阴阳相隔了。"李时珍心有余悸地回想。

李言闻说:"你知道为什么之前吃的药都不起作用吗?"

李时珍老老实实地承认:"不知。"

李言闻耐心地讲解道:"问题就出在没有对症下药上。柴胡虽然能治疗身体劳乏羸弱,但身体的劳乏分为五种,如果是肝、胆、心,柴胡自然是必用之药;或者脾胃有热、阳气下陷的时候,柴胡也是引气退热之药。但是你的问题出在肺和肾,既有肺热,又有肾虚,此时柴胡不仅不能解除病症,反而会加重病情。"

李时珍一脸惊愕,满头冷汗:"这么说,孩儿差点被庸医害死？"

李言闻拍了拍他的肩膀，说："非也非也。医生只是没有掌握你的症状，得出了错误结论而已。人生病的时候，不在乎药的贵贱，最重要的就是对症下药。黄芩可以清你的肺热，肺热解除后，身体就能逐渐恢复。"

李时珍怀着钦佩的心情说："父亲的医术真是高明。"

李言闻摇了摇头说："医道里的学问，深如大海，我也只是窥见一点门径而已。"

李时珍想到自己仅仅因为会背几百种药方就沾沾自喜，脸一下子就红了。

"为什么医生越老越受人尊重？经验！经验从哪来，无非就是多读医书、多治病人。只有夯实基础，才能走得更远，否则医术只是沙上筑塔，毫无根基。"

李时珍听得冷汗直冒，这才明白父亲原来是提醒自己不要仗着是个秀才，读过几年书，会背几百种药方，就以为当神医是一件轻松容易的事。

李言闻叹口气说："李杲被称为金元四大家之

一，他二十岁那年，母亲患病卧床不起，家人到处求医，因为众多医生七嘴八舌，乱开药方，最终病情加重去世。李杲痛恨自己因不懂医而失去母亲，才立志学医，并最终成为一代名医。"

他看了看李时珍，说道："分不清患者的确切病症，就胡乱开药才是真的庸医杀人哩。"

二

第二天一早，李时珍就被叫到书房，李言闻指着桌上一张写得密密麻麻的纸，说："这是我给你开的书单。"

李时珍拿到手中，轻轻念起来："《神农本草经》《开宝本草》《证类本草》《滇南本草》……"

李时珍好奇地问父亲："为什么很多医书都以《本草》命名？"

李言闻说："从老祖宗开始，我们就食米麦，药物也是以草为主，探究以草为主的药物书，就多以《本草》命名。这些都是历代名医的一生经验，你要想当一个好医生，除了继续跟我学医，还必须拿出当年考科举的劲头，把天下医书读得烂熟于心才行。"

李时珍回答道："父亲放心，孩儿既然选择了行医之道，就一定不畏万难。"

"不过，尽信书则不如无书，历代医家都难免有各种各样的疏漏甚至错误，我在这些年的行医过程中也颇有体会，所以你更要多思考，不怕怀疑。"李言闻语重心长。

从这以后，李时珍每天除了跟父亲去玄妙观出诊，只要一回家就钻进书房，如饥似渴地读医书。

连续几天都在下雨，李言闻便让时珍在家专心读书，自己坚持每日去玄妙观坐诊，理由是能治一个病人便是一个，万一因为自己不去导致耽误了病情，身为医生实在是于心不忍。

这天早上，又开始下雨，李时珍合上手头的医书，望着窗外泥泞的地面，心里感叹："父亲每天真是辛苦。"

李时珍正想着心事，耳畔传来一阵由远及近的马蹄声，然后听到敲门声："言闻兄在家吗？"

过了一会儿，母亲喊道："时珍，你父亲让你出来见客人。"

李时珍来到外屋，看见父亲正在和一个年龄相仿的儒生交谈。

"言闻兄多日不见，神采依旧。上次幸好有你及时诊治，家父才能转危为安。"

李言闻摆手道："救死扶伤乃医生职责所在，诊金当日已经收过，额外的酬金就不用了。"

那个儒生看到李时珍进来，说道："这是不是你那个立志弃文行医的二儿子？"

李言闻赶忙说："时珍，这是顾先生，快来拜见。"

顾先生即顾敦，来自蕲州有名的大家族。顾敦和李言闻早年相识，关系极好，李言闻经常去他家出诊。顾敦有两个儿子，长子顾问年长李时珍七岁，次子顾阙比李时珍小十岁。

顾敦拱手还礼道："贤侄一表人才，李家有望再出名医啊。"

李时珍说："晚生不敢。父亲说了，要成为名医，得读遍天下医书才行。"

"那你已经读了多少呢？"

李时珍有点不好意思地回答："父亲书房的医书都看了一遍，最近正在发愁没有新书可看呢。"

顾敦忍不住哈哈大笑："时珍真是一块天生学医的料啊。言闻兄，我想到怎么付你酬金了。"

李言闻略一沉吟，便猜到了顾敦的意思，也笑了起来，只有李时珍依旧丈二和尚摸不着头脑。

顾敦看着李言闻，想了想说："在付'酬金'之前，我还要考考时珍。"

"远山隔林静。"顾敦说完之后，看着时珍，脸上露出得意的神情。

李时珍略微沉吟，就对出了下联："明霞对客飞。"

顾敦又惊奇又高兴，转头对李言闻说，"这是我前年在梦中所得的一句诗，醒来之后就忘了下一句。这两年反复琢磨，就是想不起来，想不到贤侄如此轻易就对出了下一句，真是天意啊。"

李言闻也很是高兴。

顾敦像是碰到知音一样，说："我还想再考时珍一次，'烦暑最宜淡竹叶'。"

李时珍心想："竹叶是药，顾先生这是考我药物知识了。"于是说道，"伤寒尤妙下柴胡。"

顾敦想了一下，又说道："做官者四海为家不择生地熟地。"

李时珍道："行医人一脉相承岂分桃仁杏仁。"

顾敦忍不住拍手笑道："时珍学识过人，言闻医术后继有人了。从今以后，顾家的藏书楼免费为你开放。"

三

顾府在蕲州东门外全胜坊，距离李时珍家并不远。从后门进去，穿过小园，经由一条狭窄的穿堂，就会看到一个长方形的大天井，天井边摆放着两盆黄棠棣。天井西南是相连的两栋二层木楼。

这便是顾家的藏书楼，里面摆满了经、史、医卜、农圃、星相、百家等各类书籍。

李时珍发现一本陆玑的《毛诗草木鸟兽虫鱼疏》，特别欣喜。这是一本专门针对《诗经》中提到的动植物进行注解的著作。

李时珍记得自己小的时候，喜欢缠着父亲问：

"'七月亨葵及菽'，这里面的葵是指什么呢？"

"菽是大豆，葵就是葵菜，又名冬寒菜，在古代是百菜之主。'青青园中葵，朝露待日晞'，说的就是它，不过洪武皇帝开国以来，咱们大明种葵菜的人越来越少，所以很多人就不认识啦。"

李时珍正在浮想联翩，听到身后门响，回头一看，一个年龄略长的年轻人走了进来，他微笑着拱手道："贤弟可是李时珍？"

李时珍赶忙还礼。

来人说道："果然一表人才！你帮我父亲对出那句诗，解了他多年的心结，我们真是要好好感谢你啊。"

李时珍有点不好意思地说道："请问兄长如何称呼？"

对方一拍脑袋，说："我居然忘了介绍自己，我是顾问，顾家的长子。"

李时珍连忙放下书，说："久仰久仰，久仰顾兄大名，十八岁就中了进士，是我们蕲州读书人的骄傲啊。"

顾问挥了挥手，说："不敢不敢，时珍贤弟高

　　李时珍正在浮想联翩，听到身后门响，回头一看，一个年龄略长的年轻人走了进来，微笑着拱手道："贤弟可是李时珍？"

才，刚才看书的神情，分明是个书痴啊。"

李时珍说："是啊，顾先生家的藏书这么多，足够我看好多年了。"

顾问说："窃以为博览群书固然重要，但更重要的是讲究格物之理。陆游有诗写得好，'六十年来妄学诗，工夫深处独心知。夜来一笑寒灯下，始是金丹换骨时'。穷究事理，以达真知，我们读书人正应该如此。"

李时珍若有所思地说道："行医也当如此，医者贵在格物也。"

顾问忍不住轻轻击掌："读书不能读死书，行医也不能闷头当医生。"

李时珍深有同感："医书读得越多，我越觉得要多接触实践。小弟非常同意神医孙思邈所说的行医者要亲自采药的观点，将来如有机会，我一定也要踏遍名山大川，亲自寻访各类药物。"

顾问十分欣赏地看着李时珍说："父亲说你是弃文从医，我倒觉得你是以文驭医，将来你一定会成为咱们蕲州的骄傲。"

此后数年间，李时珍一有时间就往顾家跑，在这里广收博采，三坟五典、经史百家，无不涉猎，尤其是医药学方面的书，更是反复揣摩，学问在不知不觉中大有长进。

崭露头角

一

　　大明嘉靖二十四年（1545）夏天，蕲州发生罕见的水灾，蕲河两岸，洪水横流。往日里"青草岸平三月雨，绿杨堤锁一湖烟"的雨湖，也变得无边无际。

　　李言闻、李时珍父子二人来到麒麟山巅，只见村庄、农田都变成了泽国汪洋。浑浊的水面上，随处可见漂浮的尸体、死猪、死牛。

　　"大灾之后，必有大疫，"看着凄惨的景象，李言闻忧心忡忡，"朝廷设立的惠民药局杯水车薪，等大水退去之后，咱们便外出行医，能治一个是一个。"

李时珍说道："父亲，您经常教导我，'熟读王叔和，不如临症多'，我学医已有三年，各种医书也看了不少。我想和父亲分头行医，既能多治病人，也能考验自己的水平。"

李言闻欣慰地看着时珍，第一次觉得儿子真的长大了。

疫情发生之后，李言闻父子二人每天踏着泥泞的路面外出行医，早出晚归，疲惫不堪。

李时珍心情郁闷地说："为什么病人总是不见减少呢？"

李言闻无奈地感慨道："只能尽人事听天命，但求内心无愧罢了。"

李时珍听了有点不甘心，他心想："古人是怎么控制瘟疫的呢？"

接下来的几天，他不管多晚回家，都要把自己关进书房，一本一本地翻阅医书，想要找到办法。

七八天之后，当李言闻筋疲力尽地回到家中时，已是半夜时分。

李言闻推开门，发现时珍还没睡。看到父亲，他兴奋地说："父亲，我这几天找到了一种新的办法，十几个村子按照我的方子，瘟疫已经被控制住了。"

李言闻一怔，问："你用的是什么新方子，是哪位名医记录的？"

李时珍答道："我让大家用蒸笼蒸病人穿过的衣服及用过的被褥，用苍术在家中熏烟。"

李言闻诧异道："张仲景确实说过，苍术可以避一切恶气。每年的农历五月初五，我们蕲州人会去深山中将其采回制成香囊，挂在脖子上。但蒸笼蒸衣服却从没听过。"

李时珍说："《黄帝内经》中提到，瘟疫发生时只要有一人生病，家人都会接二连三倒下，说明只要接触了就会发病。所以我判断瘟疫是通过接触传播的。"

李言闻有点怀疑："所以你要切断瘟疫传播的途径？"

李时珍点了点头，说："我猜衣服和食物就是导致瘟疫传播的原因，医书里有煮沸消毒的办法，但食物可以煮沸，衣服却不能天天煮。"

李言闻追问："你怎么想到蒸的？"

李时珍答道："前几天回家吃饭，母亲蒸了馒头，我一边想事情，一边伸手去拿馒头，结果被烫得哇哇叫。所以我就突然想到，蒸衣服是不是也行。既然家家都有蒸笼，不妨用蒸笼把病人穿过的衣服蒸一下。"

李言闻眼睛瞬间一亮，站了起来，说："明天一早我就跟你看看去。"

第二天，天刚亮，李言闻就拉着时珍来到城南，只见街上店铺开张，人来人往，俨然回到了瘟疫之前的场景。

要说有什么不同的话，那就是随处可见一缕缕淡淡的烟雾从院墙后升起，空气中也弥漫着苍术的味道。

李言闻走进一间院子，主人立刻满脸喜悦地奔过来，说："李大夫来了！"

李言闻过了一会儿才反应过来，主人口中的"李大夫"，并不是自己，而是时珍。

李言闻走进厨房，灶上大铁锅中的蒸笼，正冒着滚滚的热气，里面都是衣物。那人说道："按照李大夫的指点，把病人穿过的衣服全部蒸一遍，食物全部煮沸，再加上苍术，家人再也没有得病的。"

李言闻听了之后，感慨万千，心想："我们李家要有名医了。"

二

一天黄昏，玄妙观外传来一阵喧哗，接着就看到一个中年汉子背着一位老妇人闯了进来，满头大汗，边跑边嚷："我要找李大夫！"

一个小道士气喘吁吁地追进来："李大夫要回家了，你明日再来吧。"

中年汉子神情激动，说："听说你们蕲州有对父子神医，我从湖口一路用小车把老娘推来。天就要黑了，晚一天诊治，我娘就要多遭一天罪。"

"这位仙童，慈悲慈悲，"李时珍看着小道士恼火的样子，赶紧上前安抚，"白露秋分夜，一夜凉一夜，病人大老远赶来，行个方便吧。"

小道士不好说什么，只能生气地站到一边，狠狠盯着中年汉子。

李时珍赶紧让老妇人躺到病床上，仔细为她搭脉。老人腹泻已有五年，一旦吃了油腻生冷的食物或是瓜果，肚子就会疼得受不了，随之就是反复腹泻。

儿子孝顺，到处求医问药，但久治不愈，最近病情反而逐渐加重。他打听到蕲州的李大夫医术高明，立即带着母亲赶来。

李时珍搭脉之后，沉吟片刻，唰唰几笔写下一张药方。李言闻看到药方中有巴豆，疑惑地问："老人本身就有腹泻，为何还要用巴豆？"

中年汉子也露出不解的神色，头摇得像拨浪鼓一样，说："李大夫，马吃了巴豆都会拉稀，何况是俺娘。再说她身子已经虚成这样，吃下去不会出人命吧？"

李时珍微微一笑，说："导致腹泻的病因很多，比如外感寒热湿邪、内伤饮食、脏腑功能失调等等，但在诸多病因当中，只有脾病湿盛才是关键。刚才把脉时，我发现病人脉象沉滑，应该是脾胃长时间受到损伤，导致冷积凝滞，才会腹泻不止。所以要想断除病根，不能再像以往那样，为了止泻而止泻，只有通过祛除冷积才行。"

李言闻轻轻点头，露出赞许的神色。他接着问道："巴豆药性刚猛，配大黄、干姜，可以快速治疗便秘。名医陶弘景就认为巴豆最能催泻，历代本草也明确记载它是泻药。你是如何想到用巴豆祛除冷积呢？"

李时珍说："唐代名医王冰认为，冷积导致的腹泻，应该用热药加以祛除。我想巴豆这种药物气热，味辛，正是书中所提及的热药，应该可以对症祛除人体肠道内的冷积。"

李言闻还是有些疑惑："王太仆虽然说用热药来祛除冷积，但没有说用巴豆。你既然胸有成竹给病人开巴豆，是不是早就试过？"

李时珍恭敬回应道："您早就教导我用药要有十成把握，我确实反复试验过多次，发现巴豆用量大，固然会引起腹泻，但用量小的时候，反而能治腹泻。"

李言闻笑道："不错，君臣佐使，关键在于配合得宜，把握用量，所谓猛药轻用，快药慢用。"

李时珍转身从药箱里找出一颗巴豆，将其放在掌心，说："元代名医李东垣说巴豆入药之前须用火炒，猛炒到没有烟的时候，再用手捏，确定没有油腻感，就可以用药了。"

李言闻眼神里满是欣慰，说："你爱读书，肯钻研，还有悟性，学医看来真没错。"

李时珍露出得意的笑容，说："炒过的巴豆配合蜂蜜服用，效果更好。"

中年汉子激动地说："可算找对人了，我娘有救了。"果然，老妇人按照李时珍的方子服药之后，没过几天，困扰多年的腹泻就痊愈了。

三

天才蒙蒙亮，雨湖上的雾气仍未散去，渔船已经开始了一天的劳作。

李言闻走进书房，惊讶地发现儿子趴在桌上睡着了，桌上摊着一本《证类本草》，旁边还有一本笔记，密密麻麻记了很多读书心得，心中不禁升起一丝怜惜，"时珍又彻夜苦读了"。

虽然心中不忍，李言闻还是轻轻唤醒了李时珍，说："今天咱们去药市，多买一些巴豆，回来制成药丸，以后用起来方便。"

"蕲州有四宝，你能说出来吗？"路上，李言闻考起了儿子。

"艾、竹、龟、蛇。"李时珍脱口而出。

"不错，"李言闻笑了起来，"蕲州是风水宝地，除了是鱼米之乡外，自古以来还是本草之乡。不仅有黄连、杜仲、半夏等名贵药材，还有蕲艾、茯苓、桔梗等，至于夏枯草、野菊花、白茅根等，满地都是。"

"指草皆为药，路人皆懂医。"李时珍想起张居正在聊天时曾这样评价蕲州。

"艾、竹、龟、蛇，天下到处都有，但只有出产于蕲州的，才能被列为贡品，所谓'过了九江，蕲艾不香'。"李言闻平时难得有机会和儿子好好交谈。

"千家万户悬菖艾，出城十里闻药香。"李时珍最近正在读父亲所著的《蕲艾传》。

"蕲竹能吟水底龙，玉人应在月明中。"李言闻吟起了黄庭坚的诗句，"还有蕲竹，有的细如拇指，有的粗如酒杯，色泽晶莹，竹节稀疏，篾质柔软。自古以来，无论是达官贵人还是文人墨客，暑热难耐时，都喜欢睡蕲竹编织成的席子。"

李时珍说："东坡先生夸蕲竹'千沟万缕自生风'，唐朝韩愈也说蕲竹天下知名，睡了以后百病能治。"

到了药市，李言闻看着琳琅满目的药材，不由得感慨道："想成为一名良医，不仅要认识药，还应该懂得药。可惜古往今来医家甚多，但能做到既通医书又遍识药物的人却是少之又少，所谓'买药者两眼，用药者一眼，服药者无眼也'。"

李时珍听着父亲说话，不禁想到最近正在看《本草》时的疑惑，心突然激动地猛跳起来，似乎一扇大门，正在悄悄打开。

李言闻不知道儿子内心的波澜，边走边说："药材的真假优劣，卖药的人最清楚，他们是两只眼睛。看病开方的医生，大多只知道药名，却不识药材，或因为利益的问题，故意睁一只眼闭一只眼，所以医生是独眼龙。至于吃药者，则是最惨的，医生开什么药就吃什么药，根本就不知道那些药是否对症，甚至真假，就像双目失明的人一样。"

李时珍试探着问："自古以来有这么多《本草》书，大家仔细看了，不就可以分辨吗？"

"很多卖药的人，因为利益驱使，各种假冒药物屡见不鲜，比如用首蓿根冒充土黄芪，熬广胶再加入荞麦面冒充阿胶，还有人把鸡蛋与鱼枕一起煮，冷却后冒充琥珀，以及用枇杷蕊冒充款冬，等等。"

李言闻顺手从旁边铺位拿起一根骨头，说："你看这是虎骨吗？"

李时珍端详半天，一时无法分辨。

李言闻自言自语道："当然不是，这是驴子的脚胫骨。虎骨质地密实坚硬，表面细腻而油润，呈现出灰白或灰黄色，骨腔占骨直径的三分之一，里面的骨髓是网状。"

李时珍吃惊得合不拢嘴："还能这样冒充？"

李言闻大笑起来，说："这世上很多人想要用虎骨入药，可老虎哪有那么多，自然就有人用驴骨、牛骨冒充。"

李时珍若有所思："看来仅仅看《本草》也不能清楚辨认药物啊。还有，如果书中介绍药物时就错了怎么办？"

李言闻说："你最近日夜读《本草》，看来收获不小。"

李时珍说："《证类本草》的确是好书，但我发现书中瑕疵也不少，比如把萎蕤和女萎混为一谈，可这两种药物明显外形不一样，前者叶子像竹叶，绿白色的小花生在叶柄间，就像吊着的小铃铛。后者叶子对生，开小白花。"

看到儿子的研究如此深入透彻，李言闻颇为意外，他说："你接着说。"

"关键是这两种药物药效不一样，萎蕤的根可以入药，治疗虚劳寒热，还可以代替党参、黄芪用于补药。至于女萎，则是用来治疗霍乱和痢疾，还可以排脓和消水肿。"李时珍说。

"万一有人依照这个书开药，岂不是把病人给耽误了？"

李言闻说："《证类本草》是宋代四川名医唐

慎微编著，全书总共提到了1746种药物。可是自那以后，又过了四百多年，包括海外的药物、矿物药在内，如今又多了不少药物，比如云贵广西一带使用的三七。几百年间，人的见识也增加了不少，自然就觉得书不够用了。"

李时珍突然冒出来一个念头："咱们能自己重新编写一部《本草》吗？"

李言闻沉默良久，说道："医书的错误确实多，但你把重修《本草》这件事情看得太简单了。要想编修一部新的《本草》，不仅要把历代的《本草》研究清楚，还要把天下的药物重新查访一遍。自古以来，所有《本草》，都是朝廷出面主持编写，像我们这样的普通医生，是绝无可能的。"

看到儿子失望的表情，李言闻赶紧宽慰道："重修《本草》确实有必要，但你还年轻，将来还有机会上书朝廷。"

李时珍听着父亲的话，眼神中又有了希望，悄悄握紧了拳头，心想："我一定要请官府出面，重修《本草》。"

背井离乡

一

嘉靖二十六年（1547）。

蕲州城外，夕阳西落，绚丽的晚霞映红了天空。水光潋滟中，一江绵延，极目水天交接之处，数只雁尾点过江面。江边芦苇密如丛林，几艘晚归的渔船正向岸边驶来。

沐浴在夕照中的龙矶寺，发出金色的光芒，传来阵阵晚课的钟声，绵长而悠远。暮色越来越浓，江面开始呈现蓝紫色。滚滚而来的江水被横亘于水中的龙眼矶所阻挡，形成一股回流，久久盘旋，似是不甘心离去。

晚风吹拂，带来丝丝凉意。

江边站着一对父子，正是李言闻、李时珍二人。

良久，李言闻轻轻说了声："回家吧。"

"父亲，是我不好，不该和道士辩论金丹的。"回想起白天的场景，李时珍心中感到十分懊悔。

原来，李时珍学医的这几年，嘉靖皇帝日益崇信道教，沉迷长生之术，自称"灵霄上清统雷元阳妙一飞玄真君"。

皇族大臣、州府乡绅也有样学样，一时间，只要有道观的地方，都在日夜煮鼎烧丹，可谓烟云遍地。

蕲州的玄妙观也不例外。道士们在观内搭起了醮台，纷纷登台作法，号称求雨禳灾、祈福求嗣等等，引得许多人日日围观。

周边的方士络绎前来，并在观内掘了一口井，专供炼丹之用，称为"丹井"。井旁竖起了八卦金炉，以丹砂、硫黄、铅锡等为原料，宣称服食金丹后，可以长生不死、羽化登仙。

前来玄妙观看病的病人，往往不明所以，对所谓的"金丹"趋之若鹜，慷慨解囊。

李时珍看不下去，几次三番告诫他们，道士们炮制出来的东西与其说是仙丹，不如说是毒药！

主持玄妙观的道士柳迎春勃然大怒："你既然是医生，难道没有读过《神农本草经》《抱朴子》吗？医书中都说，服食杏仁金丹，可以活到一千岁。"

李时珍解释道："杏仁性热降气，适量服用能润五脏，祛风明目，治肝肾风虚，但如果服用过量，必定导致耳鼻出血，甚至危害性命。"

柳迎春争辩道："金丹是祖师爷传下来的，病人吃了可以治病，没病的吃了可以长生不老。"

争论引来许多百姓围观，柳迎春露出得意的表情，心中暗想："今天非把你辩倒不可。"

李时珍不慌不忙地说："秦始皇、汉武帝都想长生不老，一直服食金丹，可是结果如何呢？还不是一样有生老病死吗？"

柳迎春气得满脸通红，说："自古以来，只有假的金丹，没有没用的金丹。"

李时珍望着人群，说："六朝以来，受丹药毒害的人，可以说是不计其数。唐朝的一个官员，服了方士的丹药，结果便血多年，最后被活活折磨而死。宋朝学者沈括的表兄，误服丹砂，当场不省人事，很快就一命呜呼。"

"这些都是医书中明白记载的。"李时珍强调说。

大家听了之后，纷纷露出惊恐的神情。柳迎春气急败坏地说道："你这江湖游医，肯定是担心金丹抢了你父子二人的生意。"

李时珍自信地说："古人认为，人生百年，譬如朝露。他们想当然地以为用丹砂、硫黄等炼制的金丹，入火百炼不消，入土千年不朽，入水万年不腐，如果能被人体吸收，就能起到坚固人体的作用。但他们不知道的是，这些金丹毒性极大，人一旦吞食，就会因'入骨钻筋，绝阳蚀脑'而死。"

柳迎春指着李时珍，气得一时说不出话来。

李时珍略微提高声音说："人维持生命，靠的是水和五谷、肉食，饿了要吃饭，渴了要喝水。一旦生病了，要就医服药。想要延年益寿，就得做到这两点。"

　　李时珍说："六朝以来，受丹药毒害的人，可以说是不计其数。"

围观的百姓情不自禁地喝彩："李大夫说的句句在理，"还有人大声嚷嚷，"这金丹我们不买了，快把银子退给我们吧。"

柳迎春气得直跺脚，扭头跑进观内。片刻之后，诊所内冲进来一群道士，七手八脚把屋内用品连搬带砸地扔了出来。

"你们竟敢污蔑金丹，玄妙观以后再也不给你们提供地方了。滚吧！"柳迎春暴跳如雷。

李时珍本打算上前理论，却被李言闻一把拽住，悄悄说："柳迎春和国师陶仲文有旧情，你不要再和他争论，万一闹到官府，给你扣个诋毁方士的罪名，可就难办了。"

陶仲文曾在蕲州黄梅县做过县吏，因为帮太子祈病有功，深得嘉靖皇帝宠爱，被称作国师。嘉靖让其掌管全国道教，并册封他为"神霄保国弘烈宣教振法通真忠孝秉一真人"。

不久，他又因为帮嘉靖皇帝炼制所谓"长寿金丹"，进一步被加封为"少保、礼部尚书、少傅"等，恩宠无以复加。

李时珍深深吸了口气，努力使自己平静下来。

他知道父亲说得对，再说玄妙观也确实是道观，借与不借，全在柳迎春一句话。

于是，父子二人默默取下招牌，在道士们的冷笑中，离开玄妙观。

二

一阵江风吹来，李言闻头发凌乱，白发更加醒目。李时珍看着父亲，不知道什么时候已经头发花白，忍不住鼻子一酸。

"孩子，你没错，"李言闻说，"他们打着炼制金丹以求长生不老的幌子，欺骗世人，所以怪你挡他们的财路。"

李时珍擦着眼泪，说："诊所就这样丢了，我心有不甘。"

李言闻宽慰儿子道："他以前指望我们招来病人，增加观里的香火费。现在时移世易，我们治病救人，在他看来却影响了卖金丹。离开道观，是迟早的事。"

"道士虽然可恶，但更可恶的是医书，"李时珍激动地说，"《神农本草经》里把丹砂、雄黄这些有剧毒的药物列为上品，说长期服用，可以延年益寿。尤其是《抱朴子》中，葛洪大肆宣扬丹砂等可以成仙，简直是胡说八道，荒唐至极。"

李言闻看着儿子，笑了笑，说："你不违背当医生的良心是对的。"

"金丹明明不能服用，道士却借口是老祖宗说的。"李时珍心情郁闷地小声嘟囔着。

"我们回家吧。"李言闻呵呵一笑，拍了拍儿子的肩膀。

三

李言闻父子二人离开玄妙观后，生计成了问题。

雨湖位置偏僻，且抓药不方便，除非是疑难杂症，蕲州城里的病人一般不愿前来。

平时看病求医的，大多是周边村民，这些人往往十分贫穷，李言闻父子不忍心收取太多诊金，还把自己炼制的药物无偿送给他们。

穷人们无以报答，只能抱个南瓜或是拎几条刚捕的鱼作为诊费。

但这样的日子终究不能长久，眼看家中生活越发窘迫，李时珍心急火燎，隔三差五就去城内寻觅合适的地方。

一天深夜，李时珍被妻子从梦中推醒，揉着眼睛问："怎么了？"

"你刚才在梦中手舞足蹈，大喊大叫，把孩子都吓醒了。"吴氏嗔怪道。

李时珍想了想，笑了起来："我刚才做了一个奇怪的梦，梦见我正在给病人开药方，突然发现嘴上长了好多胡须，密密麻麻，嘴都张不开了，心中着急就大喊起来了。"

"哈哈哈，爸爸口被糊起来了，"建元和建方两个小家伙边拍手边叫了起来。

"口糊？"

李时珍像是想到了什么似的，反复念叨："口糊？糊口？"

"吓我一跳，原来是在做梦。"吴氏长吁一口气。

"江西不是有个地方叫湖口吗？"

李时珍猛地一拍大腿,"看病的时候口被糊住了,那不就是暗示让我去湖口行医吗?"

"我们蕲州人,出门就是长江,去哪都靠船,上到汉口,下到九江,最远就是南都金陵。从蕲州沿长江顺流而下二百多里就是湖口,那里十分繁华。"数日来的苦恼被神奇的梦轻易破解,胸中的郁闷之气一扫而空,李时珍激动地就要起床去禀告父亲。

吴氏一把拉住他,"天色还早哩"。

然而李时珍已经睡意全无,顺手披了件衣服,就去了书房。

四

数日之后,蕲州西门江边码头,一艘客船正要出发,岸边站着的是李言闻父子。

李言闻看着即将远行的儿子,身材瘦削,双目却炯炯有神,脸上流露出坚毅的神情,忍不住叮嘱说:"行医这个行当,事关病人性命,断不能有一点麻痹大意。望闻问切同样重要,千万不能只看脉象，疏忽了望气、闻声、问状。"

"父亲的教诲，儿子一定牢牢记住。"李时珍使劲点头，十分不舍。

李言闻还是忍不住叮咛："只有四诊到位，才能找对病症，再开处方。你以后独自行医，务必要牢牢记在心头，否则误人性命，非但官司缠身，天理也是不容啊。"

李时珍心中既有忐忑又有期待，说："等我立稳脚跟，就把庞宪接过去帮忙。"

庞宪是李言闻收留的孤儿，虽然年纪不大，却聪明伶俐。李言闻父子都很喜欢这个孩子，有心培养他学医。

"你今年已经三十岁了，学医多年，是该出去独当一面了。"李言闻略显自责。

"也怪我此前太过谨慎，或许因为你是我的儿子，我总觉得当医生是人命关天的大事，想让你多跟我一段时间，医术多精进一些，再让你一个人去闯荡。"

李时珍目光坚定地说："请父亲放心，我一定按照你的嘱托，多请教同行，多关心穷人。"

李言闻像是想起什么，说："你说的重修《本草》，我最近反复思考，确实是有必要，只不过你还年轻，一定要有很深的积淀才能动手。这次去湖口行医，务必要多加谨慎。"

船就要开了，李时珍望着父亲期盼的神情，重重点了一下头。随即跳上船板，使劲朝李言闻挥手："父亲，请回去吧。"

船摇摇晃晃地离开了岸边，向下游划去，儿子的身影越变越小。

"要是不能立足，就早点回来，我们再想别的办法。"李言闻还是忍不住，大声喊了出来。

慢慢地，远去的小船变成了一个黑点，在奔腾的江水中上下起伏，直到不见。

阵阵江风吹来，对岸一群纤夫正弯着腰，吃力地拖着一艘大船，边拖边喊着号子"嗨哟嗨哟"。

李言闻站在江边，眺望着远方，似乎又听到儿子坚定的声音在耳畔响起："身如逆水船，心比铁石坚。望父全儿志，至死不畏难。"

湖口行医

一

酷暑逼人，烈日当空。

船舱中闷热难耐，黑云在遥远的天际开始堆集，似乎酝酿着一场大雨。

阵阵江风吹过，带来些许凉意，李时珍来到甲板，负手而立，凝视着滚滚而下的江水，思绪犹如波涛一样，上下翻腾。

湖口，素有"江湖锁钥，三省通衢"之称，是鄱阳湖和长江的唯一交汇口，自古为兵家必争之地。

太祖皇帝朱元璋在此处打败了自称陈汉皇帝的

陈友谅，赋诗云："一色山河两国争，是谁有福是谁倾。我来觅迹观音阁，惟有苍穹造化宏。"

千百年来，湖水北去，大江东流。

因为是湖北、安徽、江西三省交界之处，南来北往，上江下江的旅客都要经过这里，商业繁华，商贾云集，正是一个行医的好地方。

这是李时珍人生第一次离开家乡，随着离蕲州越来越远，离别的愁绪也渐渐散去，心中满是对未来的憧憬。

"长风破浪会有时，直挂云帆济沧海。"行医已有数年，对自己的医术，李时珍充满信心。

"先生，船不能再开了，得找地方停靠，"船老板的话音打断了李时珍的思绪，"要起风下雨了。"

客船慢慢往岸边靠去，这里已经停泊了好几艘船，都是在此躲避风雨的。其中一艘看上去富丽堂皇，主人显然非富即贵。

这风雨天气中，如果不是十万火急的事，都没必要拿自己的性命开玩笑。

风越来越大，江面变得空空荡荡，惟有几只水鸟在江天间翱翔。

很快，耀眼的闪电一道又一道，划过天空。远处的雷声一点一点靠近，片刻的功夫，豆大的雨点就哗哗哗地铺天盖地砸了下来，夹带着狂风和雷电，整个江面白雾蒙蒙。

雷声一声比一声响，风雨中，隐约传来了女人的号哭声。回到船舱的李时珍，竖起了耳朵。

"发生了什么事？"李时珍想出去看看。

"李大夫，外面风雨这么大，等停了再去看也不迟。"船老板和两个船工缩在船舱的一角。

"不行，得立即去。"李时珍扎起裤脚，脱掉鞋袜，多年从医的敏感，让他直觉感到外面有人病了。

尽管被缆绳牢牢系在岸边，几艘船依旧被江面刮来的狂风吹得东摇西摆。李时珍小心翼翼地来到传出号哭声的船只时，浑身已经湿透。

"什么人？"一个管家模样的人拦住了李时珍，他完全没想到有人冒着这么大的风雨来到自己家船上。

"我是医生，听到你们船上有人号哭，特地

过来看看，是否需要帮忙。"李时珍中气十足地答道，一刹那压住了风雨声。

"你是医生？"管家将信将疑。

"王管家，什么？有医生？快快请医生到里面来！"船舱里传来声音，掩饰不住的激动。

李时珍快步走入船舱，只见一个满脸泪痕的女子，手上抱着一个六岁左右的男童，眼睛闭着，牙关紧咬，似乎是昏迷了。

"什么情况？"李时珍顾不得礼节，就赶紧问了起来。

原来这个男孩从小到大，最怕打雷，经常被雷声惊吓至昏迷。这些年来看了不少医生，也吃了许多药，都没有根治。

刚刚惊雷炸响之后，男孩又发病了，人事不省，口吐白沫。他的母亲慌得六神无主，大声啼哭。

李时珍搭脉之后，扭头跟王管家说了几句话，后者赶紧跑到后舱，过了一会儿之后，取出一瓶高粱酒。

李时珍迅速倒了一小杯酒，灌进小孩嘴里，小孩很快就哇哇哭着醒来。

大家顿时松了一口气，纷纷感谢李时珍，一直在边上静静旁观的男主人，也走过来拱手道："今天要不是先生出手，犬子可就危险了。"

李时珍仔细打量，只见他一身长袍，气质儒雅，于是也拱手还礼道："在下蕲州李时珍。"

原来此人姓徐，名钦，是江陵县人，此行也是前往湖口，偏偏在半路遇上雷雨，幸运的是遇到了李时珍。否则在这前不着村后不着店的地方，后果不堪设想。

李时珍取来纸笔，一边写下药方，一边详细解释道："小孩惧怕雷鸣，病根都在气虚。所以要以人参为主药，补气虚，以当归为臣药，补血虚。再加以麦门冬、五味子，前者可以辅佐当归，防止血热侵肺，后者可以辅佐人参，镇心润五脏。"

原来这个孩子是气虚加血虚，以前医生都是只知其一不知其二，所以不得根治。

徐钦听完，感叹道："只恨没有早日遇到先生。"

雨不知什么时候已经停了，李时珍乘坐的船只传来了呼喊声，原来是催他回去。李时珍连忙拱手告辞，扭头就冲了出去。

过了一会儿，王管家才猛地一拍脑门，满是自责之情："哎呀，诊金都没付。"赶紧冲出船舱，只见码头已经空空荡荡。

徐钦微微一笑，摆了摆手说："无妨，既然已经知道名字，自然还有再见之时。"

二

船借风势，顺水而下，只半日功夫便到了湖口。

几天后，城里新开业了一家诊所，门口招牌上端正的楷书写着：蕲州世医李时珍应诊。

好奇的路人在门口探头探脑，看到坐在医案后面的李时珍，无不咂舌："这么年轻也能当医生？"

有人交头接耳说道："郎中郎中，越老越中用，年轻后生肯定不中用。"

偶尔有几个面带病容的人在门口犹豫着，没过一会儿，就被陪伴的家人拖走。

每天都是门可罗雀，李时珍心中着急："再这样下去就要坐吃山空了。"

这一天，细雨如丝，江风袭人。

李时珍心中烦闷，打算出去走走。虽然父母都一再叮嘱，如果不行，就赶紧回家。但他绝不是个轻易认输的人，信心满满出来，灰头土脸回去？不可能！

李时珍低头想着心事，一抬头才发现自己走到了一群人中，有的披麻戴孝，有的放声号哭，原来是送丧的队伍。

他赶紧让到一边，打量着人群，老的捶胸顿足，小的哭哭啼啼，他不禁皱起眉头："看来是白发人送黑发人。"

当人群从身边擦肩而过时，李时珍突然心中一震，因为他发现棺材的底板竟然还在滴着鲜血，弯腰用手指蘸了一点，送到鼻子跟前嗅了几下，接着又在掌心搓了搓，喃喃自语："啊呀，不对。"

他问路边的老人："请问这是什么人去世了？"

"是这家的儿媳妇，听说夜里生伢儿难产，

稳婆来晚了半个时辰，两条命就没了。真是可怜呐！"老人边说边摇头叹气。

李时珍思考片刻，心中有了判断：棺中滴出的都是活血，所谓的"死人"其实是活人。他猜是腹中胎儿难产，顶住了母体，出现了假死的症状。家人却以为产妇死了，光顾着悲痛，结果把活人装进了棺材。

李时珍赶紧大喊："快停下，人还活着呢。"

李时珍的话犹如石破天惊，敲敲打打的唢呐队伍刹那间停止了声响，送葬队伍也都僵立在当地，整条街彻底安静了。

所有人都愣愣地看着李时珍，像是看疯子一样，接着人群"轰"的一声炸锅了，互相打听着。

"这个外地口音的后生是哪来的？"

"肯定是个疯子。"

"他要被揍了，等着看吧。"

一个脸色铁青的男人，拨开人群朝李时珍走来，愤怒地说："你是什么人，为什么胡说八道？"

李时珍神情镇静，目光扫视了一圈，缓缓地说："我是医生，可以明确地告诉你，人没死，棺材里装的是活人。"

"凭什么这么说？"男人神色震惊地说，"请来的郎中说人死了。"

李时珍指了指棺材下面的血，说："这些都是鲜红的鲜血，而且还在不停地滴落，这都说明棺材里的人还活着。"

男人闻言犹如五雷轰顶，目瞪口呆立在那里，口中自言自语："死人还能复生？"

李时珍说："人命关天，何况还是两条性命。再不开棺，万一耽误了，便是大罗金仙也无力回天。"

这时，整条街的人都恨不得围到跟前，好奇地看着这个口出狂言的年轻人。

男人看着人群，又看看李时珍，再看看停摆在地上的棺材，急得直揪自己的头发。

李时珍向前一步，拍了拍他的肩膀，说："救人要紧，我若是胡说，有这么多人作证，任凭你送官定罪。"

周围看热闹的不嫌事大，也跟着喊开棺救人，要么见证奇迹，要么看骗子出丑，总而言之，赚了。

男人狠狠地咬了咬牙，脸憋得通红，同意了李时珍的请求。旁边早已有人拿来工具，手忙脚乱地帮着撬棺材。

不一会儿，盖板打开，女人小孩吓得直往后躲，也有胆大的男人纷纷凑过去看，只见里面躺着一个年轻产妇，双目紧闭，神情痛苦，似乎毫无气息。

李时珍打开随身携带的药包，并用蕲艾将银针炙热。经过一番准备后，他迅速开始施针。此时的李时珍，神情坚定，目光专注，双手如飞般在产妇身上的穴位相继扎入银针。

围观的人群纷纷瞪大眼睛，虽然他们看不懂手法，但却不约而同地有一种感觉：

今天会出现奇迹！

果然不到片刻，产妇长长地呼出一口气，接着就哇地哭了起来。

围观的人群陷入突如其来的沉默，紧接着就爆发出激烈的欢呼：

"活了活了！"

　　此时的李时珍，神情坚定，目光专注，双手如飞般
在产妇身上的穴位相继扎入银针。

刚才还满脸疑惑的男人，脸唰地一下白了，目不转睛地盯着活过来的妻子，然后又看看李时珍。

"扑通"一声，男人直挺挺地跪在李时珍面前，"神医啊！俺给您磕头了！"

李时珍上前一步，伸手拽起了他："赶紧把人抬回去，还得请接生婆，伢儿还在肚子里哩，我可不会接生孩子。"

大家顿时轰的一声笑了起来："神医真有意思。"

这个时候，街上围的人越来越多，挤得水泄不通，墙上、树上，只要能坐的地方，都挤满了人，大家都要看一看把死人救活的"神医"长什么模样。那些后面的人，只能拼命踮脚，嘴里大喊："让我也看看神仙！"

当中，有人认出了李时珍，说："就是那个刚来的蕲州医生。"

三

没过两个时辰，整个湖口县城已经沸沸扬扬，几乎所有人都在议论，蕲州来了一个神医，把死人都给救活了。

李时珍的诊所，来了许多慕名求医的人，在门口排起了看不到头的长龙。

很多人也不为看病，只是想让神医给把一下脉，仿佛就能沾上仙气，延年益寿。

李时珍来者不拒，一个一个耐心地给人把脉，开药方，直到所有的人都满意地离开诊所。

黄昏的时候，只听见外面有人气喘吁吁地大喊："神医在哪，我要来给你磕头。"

李时珍一看，正是早晨那个产妇的丈夫，他微笑着问："生了？"

男人一进门就扑通一声跪在地上，"咚咚咚咚"地磕起了响头，满脸都是激动的泪水："母子平安，丧事变成了喜事，我们一家人都要感谢神医活命之恩！"

李时珍大笑起来，赶忙起身去扶他，说："母子平安是好事啊，我要向你道喜。"

正在此时，门外进来一个差役，问道："请问哪位是蕲州来的李时珍李大夫？"

李时珍走上前去，抱起双拳，道："在下正是，请问有何吩咐？"

差役毕恭毕敬递上一个请帖："县老爷有请。"

李时珍把千恩万谢的男人送走，并坚决拒绝了他送来的诊金，"我只是举手之劳，连药都没有用一钱，你还是把诊金省下来，买只鸡给妻子炖点汤补补身子"。

差役在边上暗暗直竖大拇指，心想："这位年轻大夫可真是不得了，怪不得老爷专门让我来请他。"

尽管差役拿着知县的请帖，李时珍并没有因为县老爷的请帖，就丢下病人不管，直到把最后一个病人看完，才起身更衣。

一个时辰后，李时珍步入了湖口县衙的后花园。

黛瓦、青砖、白墙。

进门的左右各栽了两颗枣树，意思就是提醒为官者"日日见早"，勤勉从政，踏实办事。

园内东侧有假山、池塘；西侧有花廊，廊上爬满了紫藤，地上用青色的小石子铺成了通道，中间有一圈门隔开，显得曲径通幽。

园内还建有一亭，上书"耕读亭"，意思是即使在朝为官，也不要忘了耕读。

亭子里，早已摆好一桌筵席。

李时珍正在疑惑，看到一个人迎面走了过来，他定睛一看，愣住了，来人正是李时珍在旅途中遇到的徐钦。

片刻之后，李时珍反应了过来，徐钦就是湖口县的知县。

"这几天刚刚到任，事务繁忙。今天午后听说城里来了一个神医，能让人起死回生，仔细打听一番，才知道就是你。"徐钦发出爽朗的笑声，"李先生走到哪里，都是妙手回春啊。"

李时珍连忙摆手："'神医'实在不敢当，只是碰巧而已。"

徐钦微微一笑，神情变得严肃起来："你可知道《大明律》规定，人死不能开棺，除非官府同意验尸断案。当时你就不担心吗，'死人'和你非亲非故，万一判断出了差池，要吃官司怎么办？"

李时珍愣了一下，正色道："救死扶伤是父亲一直以来的教诲，再说当时情况紧急，哪能瞻前顾后，考虑自己的吉凶。要是耽误了，可是活生生的两条性命啊。"

徐钦凝视着李时珍，缓缓说道："你有把握？"

李时珍点头说："十成把握。"

"愿闻其详。"

"我无意间看到棺材里滴落下来的都是鲜血，已有九成把握。又听说是妇人难产而死。这就有了十成把握。"

徐钦走到桌前，端起酒杯说："本来设宴是要感谢先生救了犬子，却不收分文诊金离去。没想到你为了素不相识的陌生人，又甘冒风险开棺救人，医术、仁心无一不让人敬佩啊！"说完举起酒杯仰头一饮而尽。

李时珍连忙拱手道："在下实在承受不起。"

徐钦哈哈大笑起来，说："我为湖口的百姓高兴啊。"

当晚，皓月当空，秋高气爽，宾主二人谈笑风生。

第二天，李时珍刚刚开门，就有差役抬着牌匾来到诊所，上书四个大字：妙手回春。

落款正是知县徐钦。

决心修书

一

　　夜里下了第一场春雨，田里路边好像一下子长满了嫩绿的青草，各种树木纷纷抽出新鲜的嫩叶，麻雀、喜鹊都在欢乐地筑巢。

　　阳光和煦，生机盎然，田野上到处都有农民在翻耕，河边传来噼里啪啦的捣衣声和鸭子鹅嘎嘎的叫声。

　　花草树木也好，鸟雀昆虫也好，大人儿童也好，全都欢欢喜喜，生气蓬勃。

　　这是来湖口的第二个年头，一切都已经步入正轨，来诊所治病的人络绎不绝。正月过后，李时珍把庞宪也从蕲州带来，帮忙跑腿的同时，也跟着学习医术。

刚看完几个病人，就听到门口传来一阵喧哗。吵吵嚷嚷中，只见一群人正扭着一个走方郎中，郎中脸上鼻青脸肿，衣服被撕的像破布一样，一条一条挂在身上，狼狈不堪。

"这个江湖骗子冒充医生，快把病人治死了。"其中一个人说道。

另一个人喊道："不要打扰李神医治病，直接把这个骗子送到衙门，打他几十大板。"

"对，打死他！"

在七嘴八舌的骂声中，走方郎中跌跌撞撞走到了李时珍跟前，声泪俱下地哭喊："李神医救救我。"

李时珍赶紧站起身来，询问发生了什么事。原来这个走方郎中姓魏，平时都是举着小串铃，背着药箱，走街转巷给人看一些头疼脑热、咳嗽拉肚子的常见小病。

今天早上他路过一家客栈的时候，遇见一个九江来的商人，他诊脉之后开了一个药方。哪知道商人按方取药，煎服之后没过多久，就倒在客栈里，眼见着是不行了。

地保和客栈的伙计见状不好，赶紧出来满大街找，过了大半天才找到这个郎中。几个人扑上去厮打半天，正准备扭送他去见官的路上，走方郎中看见李时珍的诊所，拼命挣扎着要进来，非说李神医能给他洗清冤屈。

客栈伙计在一边恨恨地说："这商人也不缺银子，有病不来找李神医，偏偏找这个卖野药的，现在后悔也来不及了。"

李时珍听完赶紧起身，说："快走！救人要紧！"

"难道真是这走方郎中害人了？"到了客栈之后，李时珍看到九江商人蜷缩在床上，露出痛苦的表情。

李时珍赶紧为他搭脉，片刻就下了诊断："药物中毒了。"

"给我看看药方。"当务之急是看看郎中有没有开错药方，然而李时珍仔细看了之后，觉得迷惑了。

"不对呀，药方没有毛病，白纸黑字写的是黄精，其他如枸杞子等几味搭配的药物也都是对症下药。"李时珍自忖即便是他来诊治，也就开这样的药方。

"那问题只能出在药上了，"李时珍连忙问店铺伙计，"病人吃的药还有吗？"

伙计赶紧把还没有煎服的两剂药取来，李时珍打开纸包一看，顿时明白了，说："有人把钩吻当成了黄精。"

"快熬碗姜汤来。"李时珍叮嘱伙计。

在等姜汤的时候，李时珍对众人说："魏郎中是无辜的，是有人把药搞错了。"

见众人露出惊奇的神色，李时珍解释道："这里面有一味药是钩吻，但药方上写的明明是黄精。"

魏郎中听了之后恍然大悟，就像溺水的人抓到一根木棍，他激动地说："李神医说得对，肯定是药店给了假药。"

众人面面相觑，没想到事情的转折来得这么快。李时珍告诉他们，黄精和钩吻是两种不同的药物。钩吻又叫断肠草，具有镇痛、去热、祛湿等作用。但如果药不对症，就会导致中毒。

"我猜药店的伙计是按照《日华本草》抓的药。"李时珍自言自语道。

"是谁污蔑我们？"药店和客栈隔得不远，早有人把这里的情况告诉了药店老板。他进来的时候，正好听到李时珍在说话，就怒气冲冲地走了过来。

"是我。"李时珍把头扭过来。

"哎呀，是，是，是李神医。"药店老板猛然看到说话的是李时珍，吓了一跳，话也说不利索了。

李时珍用手捏起纸包中的药物给大家看："你们看，钩吻和黄精是迥然不同的两种药物。但在《日华本草》里，它们却被错误地归成同一种药物，就难怪药店把药抓错了。"

这个时候，商人喝下姜汤，缓缓地醒了过来，大家更加叹服李时珍的医术精湛。

"既不怪魏郎中，也不能怪药店，"李时珍说道，"要怪只能怪医书写错了。"

药店老板也不好意思起来，让店里重新抓了两副药送来，一场风波就此散去。

二

"今天幸好遇见你，能说清子丑寅卯，要不然我肯定要被抓到衙门。"魏郎中说不出的后怕。

当天晚上，李时珍把魏郎中请到了自己的诊所。

"历代医书的错误太多了，"李时珍忧心忡忡，摇了摇头，"我今天能帮你，但帮不了天下遇到同样委屈的郎中。"

魏郎中叹口气，露出哀戚的神情，说："唉，走方郎中就是这个命啊，要是病人真丢了性命，被打死都没地方说理去。"

"自从汉朝出了《神农本草经》以后，薪火相传、代代不绝。"李时珍转身从书橱拿出几本册子，说，"这是我些年来读书所做的笔记，旧本草的错误和不足的地方实在不少。"

"陶弘景在《名医别录》里把旋复花和山姜混为一谈。南星、虎掌原是一种植物的叶片和地下根茎，《开宝本草》又把它们误认为两种植物，《本草衍义》甚至把兰花错当成兰草，如此等等，不可胜数。"李时珍边翻边讲。

魏郎中吃了一惊，竖起大拇指，带着崇拜的语气说道："李先生虽然年轻，这做学问的功夫，真是让人佩服。我走南闯北这么多年，从没见过像你这样认真的医生。"

李时珍笑了笑，说："对症用药可以让人活命，用错药就会伤人性命。我们读古人的书，就应该学习他们的长处，把不对的地方分辨清楚，可不能被书本限制住了。"

魏郎中若有所思地说："去年秋天，黄州有个乡绅，自以为读过几本医书，给自己配了一副药，把草乌头当成川乌头，结果吃死了。"

李时珍想到玄妙观里整日冒着浓烟的丹炉，不知道戕害了多少人，重重地叹了口气。

"说起医书的错误，我跟你说个哭笑不得的事。"魏郎中说，"我有次路过一家惠民药局，看到一个病人刚出门，后面追出来一个医生，大声提醒病人煎药的时候务必记得加块锡进去。"

"加块锡？"李时珍露出不可思议的神情。

"对，当时我也很奇怪，就请教那个医生，问他加锡到底是能治什么病。"魏郎中想到当日的情景，鼻青脸肿的脸上露出了笑容。

"我读了这么多医书，怎么从来没有见过加锡的煎药方法呢？"李时珍有点困惑。

"老先生一本正经地从怀里取出一册医书，打开指给我看，上面果然明白无误地写着：本药煎至三滚后，投锡一块。"魏郎中说道。

李时珍愕然问："这是哪本医书？"

"当时我就愣住了，"魏郎中说，"老先生还摇头晃脑说什么医者，意也。加锡肯定是古人的妙用，我们后人学识浅薄，既然不能深究到底，那就认真遵守好了。"

李时珍行医数年，也算见识广，听到这里也不免感到惊奇问道："后来呢？"

"在此后数年间，我一直百思不得其解，加锡的妙用究竟在哪里？"魏郎中端起茶杯，喝了一口水。

李时珍沉思了一会儿，眼睛一亮，说："是不是医书错了？"

魏郎中哈哈大笑道："几年后我在一户人家治病时，偶然看到一本医书，与惠民药局那位老先生拿出来的一模一样。翻开一看，也提到了'加锡一块'。"

李时珍愣住了："难道医书没错？"

"不过呀，下面有一行小字批注道：'锡'应为'饧'，也就是说煎药时水开了之后，加一块饧糖。"魏郎中说完笑了起来。

李时珍恍然大悟，说："这么一来就想通了，不知道什么时候，抄书的人把书给抄错了。"

"所以呀，很多人哪怕知道锡的用处不大，也会以为这是古人妙用。"魏郎中无奈地感叹。

李时珍说："医书从古到今流传几百年，抄错抄漏的地方不在少数，如果刻印的书商校正不仔细的话，更是谬种流传，害人无穷啊。"

夜深了，诊所的窗户依然透着烛光，映衬着一个年轻的身影，正在来回踱步。

三

春去夏来，时光流转。

盛夏六月的午后，街上的青石板晒得似乎要冒烟。

平时熙熙攘攘的街头，几乎不见人影，李时珍的诊所也难得清静了下来。

"师父，该歇歇了。"庞宪关切地说。

李时珍身披一件葛纱，满头大汗，依旧在奋笔疾书。自从上次跟魏郎中彻夜长谈后，李时珍除了给人看病，一有空闲就钻进书房翻书，记录医案。

几天前，县衙的张主簿突发急病，尿中带血，肚子鼓胀，在家中疼得死去活来。李时珍给他诊断后，发现是湿热蕴结，热邪侵入肾脏，导致排尿失调病变引起。

开药方的时候，他想到了宋朝赵溍在《养疴漫笔》中，记载了一个用莲藕治疗宋孝宗腹泻的案例。

宋孝宗喜欢吃西湖的螃蟹，一不小心吃多了，导致腹泻，久治不愈，找了不少御医都不奏效。

有个小药房献上一个药方：把新采的藕节捣烂，兑在温酒里服下。吃了三次后，宋孝宗的腹泻就治愈了。

李时珍又想到不少医书上记载了藕汁有消淤血的功效，于是就让病人服用藕汁，连服三天后，张主簿果然恢复如初。

"大抵藕能消瘀血，解热开胃，而又解蟹毒故也。"正当李时珍写下最后一笔时，听到门口传来爽朗的笑声。

"武昌一别，已有八年，李兄越发神采奕奕了。"

李时珍听声音耳熟，抬头看见进来一个年轻人，头戴儒巾，眉目轩朗，身上穿着青缎圆领衫，脚蹬粉头皂靴，脸上露出温暖的笑容。

"此人好生面熟，"他脑海中想着"武昌，八年"，片刻之后突然回过神来，言语中透着意外的惊喜，"太岳贤弟，哪阵风把你吹来湖口了？"

原来此人乃是张居正，只不过身上早已不见八年前的稚气，难怪李时珍一下子没有认出来。

"我还想问你怎么背井离乡了呢，"张居正脸上闪烁着喜悦的神情，说，"来的路上，到处都在传说湖口来了一个能把死人救活的神医，没想到竟然是兄台。"

"庞宪，快沏壶茶来。"难得他乡遇故知，李时珍心情大好，邀请张居正到里屋坐下。

嘉靖二十六年（1547），二十三岁的张居正中二甲第九名进士。此次回江陵省亲，得知好友徐钦在湖口任知县，顺道过来拜访。

交谈中听徐钦说起，神医来自蕲州，又叫李时珍，特地过来探寻，结果还真找到了，真是意外之喜。

"人生不相见，动如参与商，"李时珍感慨道，"想不到你我能在湖口见面。"

当得知李时珍来湖口是因为阻碍炼丹，惹恼道士，导致父子二人被赶出道观后，张居正眉头紧锁。

"天下大事都让炼丹给耽误了，"张居正恨恨地说道，"陛下自从一门心思炼丹后，很少再见朝中大臣。南有倭寇焚掠，北有鞑靼入侵，真是让人忧心啊。"

张居正中进士后，被选为庶吉士，跟从文渊阁大学士、礼部尚书徐阶，负责起草诏书，对时事有很深的了解。

李时珍点头道："老百姓被官员们驱赶着去捉梅花鹿，砍檀香木，采老灵芝，进贡给陛下炼丹所用，疲于奔命，苦不堪言。"

"一粒灵丹吞入腹，始知我命不由天，"张居正冷笑一声，说："偏偏有人以为服食金丹可以长生不老。"

李时珍叹气道："仙丹害人，丹砂对身体有极大的害处。返老还童，长生不死，都是骗人的东西，我一定要把这些都写在《本草》里，警醒后人。"

张居正闻言，惊喜地说："兄台好大的志向，是要新编《本草》吗？"

李时珍有点不好意思地说："这只是一个想法，真想实施起来太难了。"

张居正抚掌笑道："可惜你的《本草》还没有成书，否则一定要进献陛下，好让他知道服丹药的害处。"

"不为良相，便为良医，"李时珍想起当年武昌的场景，言犹在口，心中不免激动，"治病救人固然重要，但现在的《本草》错误太多。惟有编书，才能救世。否则，只能救人。"

张居正听了之后，轻叹一口气说："人生病了可以开药，世道病了，可惜没法开药方啊。"

李时珍说："古代圣人认为，治身与治国道理相通，所谓人身不过表里，气血不过虚实，人生病是气血不调，天下的大事如果出了问题，肯定也是一样的道理。"

张居正听完一下子愣在那里，过了好一会儿，哈哈大笑起来，说："古之善为医者，上医医国，中医医人，下医医病，古人诚不我欺也。"

与李时珍畅聊数日之后，张居正离开湖口。

次年，即嘉靖二十八年（1549），李时珍收到张居正的来信。信中说：李时珍把天下大事比喻成人的想法启发了他，回到京城后，他向皇帝呈上《论时政疏》，称天下大事就像一个人的身体。人的气血流通，就可以灌溉身体各个部分，才能耳聪目明，手脚便利。气血一旦堵塞，就会产生各种疾病。

他在疏中说，陛下痴迷道教玄修，大臣长达八九年都见不到陛下一面，沟通渠道堵塞。所以国家也出了各种毛病，具体体现在五个方面，即宗室骄横、用人不当、官员贪污、尸位素餐、边境问题、财政困难。

他希望皇上能广开言路，亲近大臣，如此一来，国家的疾病自然就能治愈。然而上疏如泥牛入海，杳无音信。信的末尾，张居正说自己心灰意冷，决心不再谈国事。

李时珍看完信之后，不禁感慨："原来以为修《本草》是天大的难事，没想到治国比治人难多了。医生分析了病因，病人却不听你的，我行我素，有什么办法？"

"进则救世，退则救民。"张居正的经历更加坚定了李时珍修《本草》的决心，既然中进士到了皇帝身边，也无法按自己的理想救世，那他当初从医救民的选择就没错。

"哪怕一个人，哪怕一辈子，也要把《本草》编成。"

心系本草

一

嘉靖三十二年（1553），时维五月。这是一个空气清新、没有风的夜晚。

夜深人静的时候，渔人出湖，皓月当空，湖面盈盈波光里，一叶小舟驶入湖中央，隐入荷花丛中。

船上除了渔民，还有李时珍。最近几个月，为了观察水中的鱼类，李时珍把诊所交给庞宪，自己从湖口回到蕲州，经常大半夜跟着渔民下湖。

渔民都很不理解地问："李大夫，你白天给病人看病都忙不过来，半夜三更的，还跟我们吃这个苦图啥？"

李时珍微笑道："我看到古书中说鱼在水里产子，把鱼子粘在水草上。这样即使到隆冬腊月、天寒水冻的时候，鱼子也不会被冻坏。到第二年春末夏初，水位上涨的时候，鱼子就变成了小鱼。"

李时珍刚说完，渔民就七嘴八舌说开了："哪有这样的，鱼子下在草上，不看季节吗？""过了冬天早就冻坏了。""哪有鱼子能自己变成鱼？我们捕了几十年的鱼，看着鱼生，看着鱼长，难道还不清楚？"

李时珍一听乐了，说："看来写书的人不仅没有认真观察，肯定也没有问过渔民。"

经过连续数夜的观察之后，李时珍终于确定，在春末夏初的季节，熬过冷酷的寒冬后，雌鱼会在水面产子，雄鱼跟在后面生鱼白，把鱼子全部覆盖起来。几天以后，鱼子就变成了鱼苗，然后才能长成大鱼。

"新《本草》又多了一点内容。"李时珍在船上伸了一个懒腰，打了个大大的呵欠，虽然疲惫不堪，但是内心充满了愉悦。

此时，星星的光芒逐渐暗淡，天色微微发亮，五更就要过半了。

二

"父亲，快醒醒！"李时珍刚刚做了一个梦，梦见自己终于编成《本草》，官府表彰、家人高兴、亲朋祝贺，所有人都喜气洋洋，正乐得合不拢嘴。

"乖儿子，什么事啊？"李时珍睁开眼睛看到儿子们稚气的脸，被吵醒的郁闷瞬间变成了满满的爱意。

"我养的金鱼变颜色了！"大儿子建中激动地说。

二儿子建元抢着说："有的变成了黑色，还有的变成了白色呢。"

三儿子建方不服气地说："我的金鱼有红白、红黑的，比你们的颜色都多。"

"你们都是好样的，"李时珍看孩子们争论，赶紧安抚说，"我让你们观察金鱼是怎么变颜色的，都观察得很细致啊。"

说话间，李时珍已经被孩子们拉拽着到了院子里的鱼缸边上，几十条颜色各异的金鱼在缸内游来游去。

李时珍的母亲张氏抱着最小的孙子李建木走了过来，心疼地看着儿子说："你白天忙写书，晚上忙下湖，真担心你把自己累坏了。"

李时珍的妻子吴氏忍不住说："之前研究鸡的时候，院子里养了上百只鸡，饭也顾不上吃，一有空就去鸡窝那蹲着，头上身上都是鸡毛。"

张氏鼻子一酸，就要落下泪来，说："这几年来，找你看病的人越来越多，就连富顺王府、荆王府也经常请你去，家中又不缺钱花，何必如此辛苦呢？"

李时珍生平最为孝顺，眼看母亲要哭，一时不知所措，赶紧躲进书房，"哐当"一声把门关上，说："我要写书了。"

婆媳互相看了一眼，张氏苦笑着说："真拿他没办法。"

三

红日偏西，暮色伴着炊烟，缓缓笼罩在瓦硝坝上空。

李时珍的书房门被轻轻推开，李言闻走了进来，却发现儿子趴在书桌上睡着了，身旁堆的全是《开宝本草》《嘉祐本草》《救荒本草》等各类本草书。

李时珍手边的卷册上，一段话刚起了个头，"时珍曰：金鱼有鲤、鲫、鳅……"，显然还没写完，就因为太困睡着了。

李言闻看着沉睡的儿子，头上竟已有了数根白发，内心充满怜爱之情："你当好医生就好了，为什么又要走上这样一条荆棘遍地的坎坷之路呢。"

李言闻不想打扰儿子，正待轻手轻脚走出书房的时候，李时珍惊醒了，看到是父亲，连忙起身说："您怎么来了？"

李言闻停下了脚步，笑着说："听说你为了研究金鱼，都让我的孙儿们当助手啦？"

李时珍一听，也笑了起来，说："养金鱼的风气，从宋朝才开始，现在苏杭一带，家家户户都在养。我根据六朝时桓冲的记载推断，金鱼最早就是鲫鱼。但我不太清楚金鱼是如何变色的，古人这方面的记载很少，所以我就让孩子们养几条看看，好记到书里。"

李言闻看着儿子侃侃而谈的样子，不禁长叹一声："当初你说要学医，我就怕你受累遭罪。十多年下来，你的医术高了，名声也响了，我也慢慢放下心来，没想到你又给自己找了一件比登天还难的事。"

李时珍认真地说："我不怕吃苦，唐人慎微编《证类本草》就是一己之力。他是医生，我也是医生，他能做到的，我也能做到。"

李言闻看着儿子坚定的眼神，不由得想起十多年前，时珍从武昌回来，跟自己说要弃文从医的那个下午，"时珍永远都是这样，认准了的事情，就一定不会回头"。

"慎微只是把《嘉祐补注本草》《图经本草》合著，重新进行编纂，并将《本草拾遗》和《图经本草》的五百多种药加了进来，前后不过数年时间。"

"古人能做的事，我也能做。我愿意花十年、二十年、三十年去做，不可能的事，一定要有人去做，才能变成可能。"

李言闻感慨万千，问道："编书一事进展如何？"

李时珍指了指书桌，说："我搜集了四十一种《本草》著作，其中宋朝六种，国朝九种，还有《抱朴子》《茶经》《牡丹谱》《马经》《博物志》《南方异物志》等等……"

李言闻暗自惊叹，露出赞许的微笑，说："你打算怎么写？"

李时珍胸有成竹地回答："《神农本草经》首创的上、中、下三品分类法，把养生无毒的，当成上品。真正能治病的，因为有毒性，就归为下品。这样的分类对那些讲神仙服食的人有用，对医生没用。"

李言闻满意地点点头，儿子下的功夫比自己预想中深多了。

李时珍继续说道："《证类本草》虽然分为草、木、人、兽等十部，但分类很有问题，或者一种药物分成几条，或者不一样的药物混在一起，比如生姜放到草品里，槟榔放到木部等等。"

李言闻说："《证类本草》记载药物1558种，从编成到现在也有四百多年了，现在药物又多了几百种。"

李时珍说："《证类本草》中很多药物或者有文无图，或者有图无文，很容易造成对药物性味、主治的误判。"

李言闻无可奈何地说："古往今来医家甚多，但能做到既通医书又遍识药物的人却是少之又少。"

"为了不贻误世人，"李时珍看着父亲，目光坚定地说，"新的《本草》是到了非编不可的地步了。"

李言闻捋须微笑道："书名想好了吗？"

李时珍恭敬地说道："我最近去父亲书房找医书的时候，看到您在读朱熹先生的《通鉴纲目》，想到以前和顾问贤弟谈论时，说到朱熹在研究一些问题的时候，就是先列纲再列小目，这样使得问题的来龙去脉很清楚，别人一看就一目了然。"

李言闻点点头，说："纲为提要，目为叙事，提纲挈领，简明通俗。"

李时珍从书桌上拿起册子，轻轻合上，封面赫然写着四个大字：本草纲目。

李言闻抚掌大笑，喝彩道："好！"

李时珍看看父亲，又看看封面，轻轻地叹了一口气说："动起笔来才发现，自己看的书太少了，这些年来诊治的病人也不多。尤其是这天下的药材太多了，总想着多看些实物再下笔，否则就怕编出来被人笑话。"

李言闻此时已经完全放下心来，轻轻拍拍儿子的肩膀说："吾生也有涯而知无涯，你才三十六岁，即使再编十年，也不过四十六岁。既然决定了去做，就好好做吧。"

随后，父子二人一起走出书房，只见初升的月亮倾泻出一片银光。药圃中，牡丹、芍药等各种药草，沐浴着月光，生意盎然。

　　李言闻捋须微笑道："书名想好了吗？"李时珍从书桌上拿起册子，轻轻合上，封面赫然写着四个大字：本草纲目。

四

元顺帝至正二十四年（1364），朱元璋接获明军攻克武昌的捷报，适值其第六子朱桢出生，当即表示"以楚封之"。

六年后，朱元璋兑现承诺，封朱桢为楚王。同年，在武昌高观山（蛇山）的南麓，兴建楚王府。

大江滔滔，往事悠悠。

"日暮乡关何处是，烟波江上使人愁，"站在黄鹤楼上，李时珍情不自禁吟起前人的诗句，脑海中思绪万千。

这一年是嘉靖三十八年（1559），此时，距离李时珍来到武昌，担任楚王府的奉祠正，兼管良医所事已有三年。

三年前，荆王朱翊钜在王府召见自己，出示楚王印信的文诰的场景，依然历历在目。

"楚王年幼，先天不足，经常会犯气厥症，王府里的医生束手无策。"荆王言辞恳切，眼神满是期望。

近些年来，李时珍医术远近闻名，大家提到李时珍都是赞不绝口。尤其是李言闻救过荆王妃、李时珍救过荆王世子，荆王对李言闻父子二人的感情自然更加不一样。

"虽然我们也舍不得把你放走，但是楚王府更加需要你，只能忍痛割爱了。"荆王解释道。

时任楚王年仅十五岁，嘉靖二十四年（1545）正月十八日，第七代楚王朱显榕被长子朱英燿弑杀，成为明朝中期一宗轰动朝野的大案。

不久，朱英燿被抓到京城斩首，四岁的第三子朱英㷿成为第八代楚王。由叔父朱显槐暂时摄理楚王府诸事，朱英㷿直到十岁的时候才嗣位，但身体一直不太好，王府里的医生无能为力，因此四方征召名医。

良医所，是明太祖朱元璋在位期间设置，主要职责就是负责各地的王府的医疗。良医所一般设良医正、良医副各一名，良医正为正八品，良医副为从八品。

良医通常由太医院推荐，经过吏部任命后，就算是享有国家编制的八品侍医，月俸为六石五斗粮米（460.2公斤）。

"荆王府的藏书库是整个蕲州藏书最多的地方，可是比起武昌楚王府的藏书，就是小巫见大巫了。"看到李时珍还在犹豫，荆王说出的这句话，终于彻底打动了他。

　　原来明朝初年，朱元璋在各地设置藩王，本意是拱卫王室。结果他死后没多久，燕王朱棣起兵"靖难"，打败侄子建文皇帝朱允炆，篡位成功。

　　朱棣登基后，极力防范各地的藩王，担心他们有样学样，再来一次"靖难"。除了不让他们继续掌管军队以外，在政治上也作了种种限制，比如不允许宗室成员参加科考，不允许他们做官等等。

　　为了自保，藩王们纷纷专注于诗词、歌赋、书法、绘画以及医学。比如周王朱橚，就是医学家，先后编纂了《救荒本草》《普济方》等医书。

　　当今皇帝嘉靖的父亲，兴献王朱祐杬，也非常重视医书的编纂与刊刻，曾命令周文采等良医编纂医书，并亲自校勘、撰序。

　　李时珍自从开始撰写《本草纲目》后，顾阙家的藏书早已不能满足他。此后，李时珍到荆王府中诊病，诊金无所谓，只要肯借书就行。

李时珍爱书超过诊金的习惯最终促成了他下定决心前往楚王府。

临行之前，亲朋四邻都来家中道喜，向李言闻夸赞儿子有出息，他们早已认定李时珍不属于瓦硝坝这个小村庄。

三年寒暑，时光流转，李时珍除了给王府中人看病，就是如饥似渴地翻阅楚王府的藏书。

"谁言花无百日红，夏秋两季绽芳容"，闲暇时，李时珍最爱的便是王府中处处盛开的紫薇花。每年的初夏至仲秋时节，时雨时晴的天气里，紫薇、银薇、翠薇、赤薇争奇斗艳，撑起了满城明媚。

夏天的风，带着紫薇的芬芬，让武昌府的夏天不再那么难熬，更让他想起荷香暗浮的雨湖，想起被夕阳染红的江水，更想起被耽搁三年的《本草纲目》。

正当李时珍准备辞官返回故里的时候，接到了被推荐去太医院的消息。

"朝廷命各地举荐医者进太医院，先生医术精湛，本王已经推荐你了。"楚王感念李时珍的医术，有意给他更高的平台。

当天夜里，李时珍辗转反侧，一夜无眠。

站在黄鹤楼上，只见水波动荡，江天一色，李时珍的内心不禁感慨万千。当年前后三次来武昌应考，就是为了从这里走向京师，通过考试改变家族世代行医的命运。

未曾想到，十多年过去了，自己又有了一次从武昌前往京师的机会。

"太医院，名医云集的地方，会支持我修《本草》的想法吗？"李时珍暗自思忖着。

觐见圣上

一

蔚蓝的天空，没有一丝云彩，太阳火辣辣地烤着大地。

东江米巷里，绿柳成行，蝉鸣声声。

李时珍原本以为武昌府是大明最热的地方，没想到京师的夏天更加难捱。

这是嘉靖三十八年（1559）六月，位于大明门东侧，钦天监之南的太医院里，正在进行一场辩论。

"李时珍，你几次三番提议要重修《本草》，我看你是太狂妄。"一位年长者怒气冲冲地指着李时珍，白胡子抖动着。

"张院判，"李时珍拱了拱手道，"如果不是古往今来有这么多狂妄的人，也不会有这么多的《本草》。"

"啪！"另一位中年御医猛地一拍桌子，大声说道："历代《本草》你才读过几本，就敢大言不惭说要修《本草》？"

李时珍说："所有的《本草》我都认真读过，正是因为《本草》几百年没修，外面药物又混乱，害了不少人。"

"《本草》害人？"几个吏目不约而同地大笑，说，"李时珍你是想出名，想得失心疯了罢。"

李时珍毫不理会，平静地说道："不能说以前的《本草》一点用处没有，但也不能说古人一点错没有，重修《本草》正是为了救人。"

"我看你就是沽名钓誉之徒，打着修《本草》的旗号，最后还不是坏了我们太医院的名声。"说话的是生药库大使，他走到李时珍跟前，眼神冷冷地盯着他。

"天下的药书一定要统一，错误要改正，遗

漏的要补上。"李时珍腾地一下站了起来，毫不示弱。

一个年纪大的御医站出来打圆场，说道："《神农本草经》《黄帝内经》，都是圣人经典，我们后人怎么能轻易去说圣人有错呢？"

周围顿时响起一片附和声，李时珍看着大家，神情恳切地说道："这些年来四处行医，看到了百姓对良医好药的期盼，也看到了百姓求医问药的艰难，但很多医生、药房都是靠《本草》书来辨认药物，如果《本草》书错了，那就全错了。难道我们就眼看着这么混乱下去吗？"

"你想修就回家自己修好了，我们太医院没工夫侍候你一个人。"一个年轻的吏目满脸嘲弄的神情。

看着这些堂堂太医院的医官们竟然如此冥顽不化，李时珍更加严肃地说道："医道，乃至精至微之事。大医精诚，乃医家持身之本。修《本草》这样的大事，太医院不做，谁来做？"

"好了好了，不要再争了，"一直没有说话的太医院郑院使端起了茶杯，说，"各自散了吧。"

"以后不要再谈论重修《本草》一事，太医院不可能修，"他用冷冷的目光看着李时珍说，"要不是楚王殿下推荐，凭你自己是进不了太医院的。"

"夏虫不可与语冰也。"李时珍暗自叹息一声，拱了拱手，昂首而去，背后传来了众人七嘴八舌的指责声。

二

几天后，一座幽静的院子里，古树隐逸，窗外的浓荫，绿水般渗透到屋里，树影婆娑，点点斑驳在碎石地上。

屋内，两个人正在对坐品茶。旁边，有一童子正在烹茶。

"李兄，"张居正端起茶杯，笑着说，"古人说经常饮茶可以轻身换骨、羽化成仙。"

李时珍若有所思道："《本草拾遗》中说，诸药为各病之药，茶为万病之药。"

张居正品了一口茶，说："这是安徽产的松萝茶，要用玉泉山的泉水，竹笕过滤后，方能泡出茶之甘甜。"

"唐兴煎茶法，宋尚点茶法，自太祖爷下诏罢龙凤团茶以来，国朝多泡茶法，有道是味清甘而香，久而回味，能爽神者为上。"

"一人独品，两人对饮，众人聚饮。品茶，品的其实是心境。"

"色泽绿润，滋味浓厚。"李时珍呷了一口，赞不绝口。

"松萝香气盖龙井，"张居正露出笑意，示意童子说，"再给李院判加点水。"

李时珍摆摆手道："我年轻的时候，每次都是连饮数碗，饮完之后，浑身出汗，肌骨轻松。但现在人到中年，胃气稍损，饮茶之后不是恶心呕吐，就是腹冷洞泻。"

张居正身体前倾，问道："此是为何？"

李时珍解释道："茶属木性寒，又得春之生发之气，对脾胃虚寒者会有一定的伤害。采摘时间越早，其寒气也就越多，芽及叶越嫩，其春生之气就越足，对脾胃的杀伐也就更大。如果是虚寒且血弱之人，饮茶更当有节制。"

张居正听了李时珍的饮茶之道，心中欢喜，说道："春茶上市时，上至公卿，下至市井，无不喜爱，但很多人却不知道这饮茶原来也有大学问。"

"长安酒价减千万，成都药市无光辉，"李时珍感慨地说，"近百年来，以茶代药的风气日甚。"

"国人常饮的茶大约有虎丘、罗岕、天池、松萝、龙井、雁荡、武夷、大盘、日铸等，"张居正又说："近来又常用瓜仁、栗丝、盐笋、芝麻、玫瑰、胡桃、松子泡茶。"

"听说福建武夷有种红茶，多了一道发酵工艺，可以降低茶对肝木的生发之性及寒凉之性，可惜未曾有机会亲见。"李时珍惋惜地说道。

说完之后，李时珍问道："太岳贤弟，南方剿倭一事进展如何？"

张居正回道："近来朝廷起用俞大猷和戚继光，两人甚为得力，彻底剿灭只在数年之内。"

李时珍面露喜色说道："将来有机会实地去南方看看才好。"

"倭寇不过癣疥之疾，"张居正面色凝重地说，

"北虏才是心腹大患。"

李时珍叹了一口气，说："年初北虏进犯潘家口长城、滦河以西告急，城内挤满了逃难的难民，真是惨呐。"

张居正气愤地说："九年前，俺答汗率部入古北口，杀掠怀柔、顺义吏民无数。次年，朝廷下诏开放宣府、大同等地进行茶马互市。没想到，这次又杀了进来。"

"万岁爷大怒，兵部右侍郎、蓟辽总督王忬都下了诏狱，"李时珍露出恻隐之色，"他的两个儿子，王世贞、王世懋兄弟二人，每天趴在首辅严嵩家门口，痛哭流涕恳求严嵩搭救。"

张居正轻轻摇了摇头道："也不能全怪他，田赋不均，贫民失业，苦于兼并，边事松弛，权臣当道，乱象日复一日，国事就要糜烂不可收拾。"

李时珍小心翼翼地问："万岁爷还是痴迷炼丹修道？"

张居正无奈地点了点头。

李时珍问："太岳，你平时能见到皇上吗？"

张居正一愣，说："上个月才见过一次。"

李时珍问："皇上的眼白红不红，眼袋青不青？"

"皇上的眼睛？"张居正回忆着，突然露出震惊的神色，说，"李兄你怎么知道的？"

李时珍重重地叹了一口气说："这些都是水银中毒的症状啊。"

听到这里，张居正一下子僵立在那里，手中的茶杯掉在地上，四分五裂，茶水飞溅。

"我要带你进宫面圣。"过了半晌，张居正突然冒出这么一句话，眼神如夏日炽阳般火热。

三

西苑，玉熙宫。

琼华岛耸立在水中，山巅白塔，林间楼台，被午后的阳光映照着，气象非凡。

林木荫蓊，烟波浩渺。

玉熙宫上方的匾额被光线照得光彩夺目，左侧下方"臣严嵩敬书"五个小字也闪烁着光芒。

"太医院院判李时珍叩见万岁爷！"李时珍跪在地上，"恭祝皇上万岁万岁万万岁！"

　　"太医院院判李时珍叩见万岁爷！"李时珍跪在地上，
"恭祝皇上万岁万岁万万岁！"

"你就是湖广蕲州的李时珍？"声音浑厚，却不失威严。

嘉靖皇帝正坐在一张紫檀木座椅上，背后挂着一幅中堂，上面写着：吾有三德，曰慈，曰俭，曰不敢为天下先。

座椅后面摆放着一尊双耳三足铜盖炉，盖面为镂空八卦纹饰，顶有一大立狮钮，青烟淡淡香气氤氲。

李时珍暗想："要不是在这玉熙宫内陛见，怎么也不会想到眼前这个束着道髻、长袍飘飘的人，就是当今皇上。"

从嘉靖二十一年（1542）搬离紫禁城迁居西苑的永寿宫到今年，已经整整十七年了。

十七年来，这位大明天子不再上朝，甚至很少召见内阁辅臣，绝大部分时间都在斋醮、玄修，还称这是无为而治。

"人人都想修长生，古往今来到底谁是不死之身？"嘉靖微笑着说道："听闻你医术高明，能把死人救活，那你也懂长生之道吗？"

李时珍不卑不亢地回答："臣只懂养生之道。"

"养生之道？"

"饮食乃人之命脉，人要想健康长寿，离不开五谷和水，健康长寿取决于合理的饮食结构和饮食方法。"

"丹药呢？"说着，嘉靖从药罐里拈出一颗鲜红的丹药。

李时珍摇头道："这些药都是用丹砂、雄黄、白矾、慈石等炼成，丹砂就是汞，毒性非常大，人吃了，五脏六腑会受不了的。"

嘉靖身边的一位太监大惊失色，赶紧喝道："大胆！胡言乱语，该当何罪！"

空气一下子凝固了，一旁的张居正紧张得手脚冰凉，暗想："李兄闯大祸了，我带他面圣反而害了他，看来只能请徐阶老师营救了。"

李时珍趴在地上连连叩头道："服食求神仙，多为药所误，服金丹成仙之说，始于秦皇，但信以为真吃了这些东西的，不是丧生就是残疾。"

嘉靖怒道："你区区一个太医，竟敢污蔑仙丹！"

李时珍坦诚地说道："我听古人说，做天子的，只要务实守真，格物致知，自然四海八荒天下共拥戴之，江山绵延永葆，这就是长生不老了。"

嘉靖皇帝怒气稍微平息了一下，说道："算你还有点见识，很久没有见到如此胆大的人了。"

"臣伏惟万岁爷以天下万民为重，早日罢弃丹药。"

嘉靖冷笑说："孝宗皇帝从来不服丹药，那又为何在壮年突然病逝？"

李时珍叹息道："臣来太医院后，仔细研究过医案，发现孝宗皇帝在求雨时，偶感风寒，是积热在内，而御医刘文泰等人错误地使用热剂，导致孝宗皇帝龙驭宾天。"

"朕看这世上庸医多，良医少，谁能保证自己遇到的就是良医？"

"臣来太医院也有一段时间了，我发现太医们接触病例太少，医术固步自封，真碰到危急关头就束手无策。"

嘉靖听了默然，良久之后问道："听说你是科举不中转而学医？"

李时珍恭敬地回答道："进则救世，退则救民。"

"说得好，"嘉靖问道，"朕听说你打算新修《本草》，可有此事？"

李时珍回答道："天下的医生，必读《神农本草经》等医书，然而臣在多年行医过程中，发现历代《本草》错漏较多，这都是因为唱药方、刻印或者古人就搞错等，以讹传讹，贻误世人，所以想新修《本草》。"

"那你说给朕听听，旧《本草》都有哪些谬误？"嘉靖饶有兴趣地问道。

李时珍说道："古人云，灵芝是瑞草，吃了可成仙，实际上就是'腐朽余气所生'；再比如泽泻用于利水消肿药较为常见，《神农本草经》却把泽泻列为上品，又说久服能轻身，使人面部生光，能行于水上，甚至连陶弘景、苏颂等医学名家都相信。可是泽泻根本不能长期服用，又怎会有此等奇效？其荒谬之处可想而知。"

听到这里，嘉靖刚刚平缓的脸色又难看了起来，他说："不要再说了，你这人看病还行，但是不悟道，得修一辈子。"

李时珍连忙叩头道："臣自幼驽钝、医术有

限，冒死狂言，请皇上恕罪。"

"如果你愿意改变你对丹药的观点，朕可以让你牵头组织太医院编撰新的《本草》，你以为如何？"

李时珍愣住了，随即用力地摇头说："臣宁可自己一人之力编修，也无语改变对丹药的看法。"

嘉靖大怒，霍地一下站起身来，说："你退下吧，朕要修道了。"随即转身走向玉熙宫北面的那间谨身精舍，再也不看李时珍一眼。

四

黄昏时分，雨水淅沥，冷风袭人。

张居正府。

"学医难，行医难，修本草书，更难。"李时珍看着张居正，叹了一口气。

张居正摇了摇头，说："皇上这炼丹修道的志向，是不会改了。"

李时珍面露愧色，说："未能完成太岳您的嘱托。"

张居正摆了摆手，说："李兄，很久没有人敢这样跟万岁爷说话了，你还能活着已经算是奇迹。"

李时珍说："丹药害人的观点，我一定要写到《本草》里，警醒后人。至于太医院那些人，他们不是不懂修《本草》的意义，就是不愿去做这件事。我已经向他们提了三次了，他们都不肯接受。在这里继续待下去也没有意义了，我打算辞去太医院判，回乡修《本草》。"

张居正很是不舍，说："原本以为你可以常在京师，与我饮茶论道，想不到又要分别。"

李时珍笑了笑说："太医院的房子就像坟墓，永远不可能有人出面修《本草》，到了房子倒塌那一天，我可能早已在这里老死。"

李时珍握紧拳头说："所以不能让它变成现实，绝对不能！"

"好！"张居正十分赞许。

李时珍转头对张居正说："太岳年轻有为，将来必是国之栋梁。惟愿你铭记我跟您说的养生之道，切勿揠苗助长。"

张居正肃然拱手道:"一定铭记在心,李兄此去保重。"

夜色已深,看着李时珍远去的背影,张居正内心感慨:"当浊流成为一种常态,清流就是一种罪过。如果没有那么多庸常的人,如何衬托出勇敢的人?"

深山采药

一

车马停下，前面已经是湖北境内了，一只老鹰正在天空翱翔。终于回家了，李时珍心情无比舒畅。

楚王府也好，太医院也罢，那些地方都不属于他，他喜欢山野、喜欢小溪、喜欢春天里闻到第一朵花散发的芬芳，喜欢雨水打湿泥土的味道。

一个人最大的幸运，莫过于在他最富创造力的壮年之时，发现了自己的人生使命。

虽然重修《本草》的意见得不到采纳，但在楚王府、太医院看了许多医书、医案以及堆放在御药库和寿药房的各地进贡和从海外进口的形形色色的药草后，李时珍眼界大开，也越发相信自己一定可以编一部新《本草》。

嘉靖四十年（1561），四十四岁的李时珍把家搬到了雨湖北岸的红花园。

阔水纤堤，桃红李白。

在一片红花绿叶掩映的石榴花地中，他修建了新居——薖（kē）所馆。

《诗经》有言："考槃在阿，硕人之薖"，意思就是在曲隅幽静的山坳，敲盆鼓缶，有盛德的人啊，心旷神怡无比快活。

住在宽敞舒适的薖所馆里，李时珍每日著书之余，推窗便能看见渔舟飘荡、鸟翔鱼跃，他给自己取号"濒湖山人"。

"父亲，此前在家读您写的《人参传》的时候，苦于没有各种人参实物对照研究，这次去太医院，没想到寿药房里有这么多的人参，而且都标记了产地来源，有潞州的党参、辽东的红参、朝鲜的紫团参、白条参、黄参等等，还有荠苨、桔梗等类似人参的药物。"李时珍向父亲激动地诉说着自己的意外之喜。

李言闻看着儿子，微笑着倾听。

当听到李时珍面谏皇帝的时候，李言闻满脸震惊，继而是欣慰之情，说："时珍吾儿不简单"。

李时珍说："父亲，我想好了，这次回来之后，哪也不去了，边行医边修新《本草》。"

李言闻沉吟片刻，问道："想好怎么写了吗？"

李时珍回答道："我这两年一直在反复思考，要修本草，就该彻底打破上中下三品分类法的老套路。"

李言闻点点头，说："确实，我们不能老是在古人的框框里跳不出来，只是一层一层地在前人基础上增补内容。"

李时珍说："我打算引入纲目体系，把各种药物分成十六部，即水、火、土、金石、草、谷、菜、果、木、服器、虫、鳞、介、禽、兽、人。十六部之下，有六十个小目。以部为纲，以类为目。药名下面分八个项目，如释名、形状、产地、集解、主治、附方等，来解释药物。"

李言闻又惊又喜，目光紧紧盯着儿子说："几千年来这是头一次啊。"

李时珍谦虚地说道："儿子只怕力所不及。"

李言闻拍拍儿子的肩膀，温和地笑着说："为父愿意当你的助手。"

数年不见的父子二人，有着说不完的话。

二

嘉靖四十三年（1564），李时珍长子李建中中举的消息传到瓦硝坝。此时的李言闻，已经一病不起，时日无多了。

"我以前最大的心愿，是咱们家能出一个举人，改变世代行医的命运。"李言闻挣扎着坐起来，满脸慈爱地看着李时珍，仿佛又看见当年那个倔强的少年。

"可是现在孙儿中了举人，我心里反而倒没那么激动了。"李言闻说。

李时珍语带哽咽说："我一定把《本草纲目》写好，不辜负父亲的厚望。"

李言闻看着窗边的书橱，用枯瘦的手指着说：

"那几本书是我毕生行医的心得，你写书要是用得着，就加以参考，将来造福世人。"

李时珍抬眼望去，正是《医学八脉法》《四诊发明》《痘疹证治》等几本蕴含着父亲全部心血的著作，心中一震，眼泪扑簌扑簌落了下来，"父亲，你不能撇下儿子啊"。

李言闻又露出痛苦的神情，咳得上气不接下气。

李时珍、李果珍和家人一起痛哭："您休息好，少说话。"

"我现在最大的心愿，就是看到《本草纲目》定稿成书。"李言闻强撑着一口气把话说完，身体支撑不住，又躺了下来，眼睛紧紧盯着李时珍。

李时珍哭着说不出话来，往日父亲的谆谆教导，父子行医的情景一幕幕浮上心来。

窗外凄风苦雨，天昏地暗；室内烛光摇曳，哭声一片。

当天夜里，李言闻安详离世。

三

这一年，蕲州的冬天特别冷。

"师父，你怎么还不休息？"庞宪一边走进书房，一边扑打着身上的雪花。

闪烁的烛光下，李时珍还在奋笔疾书，为了御寒，脚下点着暖炉，桌上的书册已经堆成了小山。

"庞宪，你来得正好，"李时珍说，"我这几天一直在想，成为一名好医生，就不仅要认识药，还应该懂得药。"

庞宪点点头："师傅说的是，很多医生连药都认不全，就敢去治病行医，真是害人不浅。"

李时珍把笔搁下，若有所思地说道："我一直主张医生要亲自去采药。"

还没等庞宪回答，李时珍又自言自语说："这人啊，好像知道得越多，不知道的就更多。我五十多岁了，从医近三十年，本来觉得自己经验不少了，但临到写书发现还是远远不够。"

"师父，要是您都觉得自己知道的少，"庞宪吐了吐舌头，说，"那我可怎么办呀？"

李时珍摇了摇头说："非也非也。我当年刚刚学医的时候，父亲就教导我，做学问，既要从书上学，也要勤于问。有关本草的知识，不仅在古代名医的书本里，从渔夫、樵夫、农民、猎户那里也能学到更实用的本草智慧。"

说完，他望着书房的方向出神，似乎父亲还在那里低头写医案，就像他小时候一样，心中不由得一酸。

庞宪小心翼翼地说："师父，您又想爷爷了？"

李时珍收回心神，清了清嗓子，说道："《神农本草经》记载了365种药物，陶弘景千辛万苦只搜集到药物730种，对于其中一些药物采取了标出有名无实或有名未用的字样，把困难留给了后人。唐朝显庆二年（657），高宗皇帝下令纂修本草药典，经过整整两年，不知动用了多少人力，终于修成。即使这般兴师动众，《唐本草》实际上只比陶弘景的《本草经集注》新增药物114种。到了宋朝，《证类本草》共记载药物1748种。"

"历代医书，有个最大的问题，就是没有实地调查，往往抄来抄去，自然闹了很多笑话。比如关于百合，三本书上有三种说法，这个叫山丹，那个叫卷丹。"李时珍叹了口气。

"还有黄连也是，陶弘景认为安徽新安江流域出的最胜；韩保昇则认为陕西、杭州、柳州产的最佳；苏颂说，以安徽黄山以北、马鞍山一带的最好；苏敬又说，还是成都一带产的粗大、味极苦者为最好。"

李时珍说："这几年我一直在想，药材一定要去实地察看，哪怕是到深山踏访，也得把实物对照起来，这样写出来的《本草》，才能经得起后人评说。"

庞宪激动地说道："师父，我要跟你一起去！"

李时珍笑了起来，说："我考虑很久了，建中到外地当官了，我就带着你、建元一起出去，边行医，边采药。至于建方、建木，就留在家中照顾师母。"

这时，李时珍的妻子吴氏走了过来，泪眼婆娑地说："我真是不懂你，都一把年纪了，为什么还要去深山老林，万一有个三长两短，我可怎么活？"

李时珍轻轻握住吴氏的手，说："修《本草》是我毕生的心愿，就算前面有再多的艰辛，也不能阻挡。你让我待在家，我才真的是死不瞑目呢。"

"我等春暖花开再走。"李时珍心中有着说不出的歉疚。这些年漂泊在外，父母孩子，都是妻子一人在照料，现在一把年纪了，还要担心自己的安危。

四

美好的春天终于来了，天空不时有浓云遮住太阳，茂密的草木上空飞翔着百灵鸟，从打开的窗子里涌进清凉的空气，远处传来一片蛙鸣。

红花园里，李时珍种了许多药材，有旋覆花、忍冬花、淡竹叶，益母草、玉簪花和麦门冬等。

红花园是蕲所馆里最美的地方，李时珍经常去访问老药农请教栽培的经验，所以红花园一年四季花开不断。几个小孙子没事就往园子里跑，急的李建元跟在后面大喊："你们小心点，千万别踩坏了爷爷的药材。"

"庞宪啊，看来药材不见得野外种的就好。"李时珍在地上蹲了半天，两手撑腰费劲地站了起来。

"关键是土壤、整地、施肥灌溉，"李时珍喊着庞宪，"快帮我记下来。"

"师父，你穿这么少，当心受了风寒。"庞宪心疼地说。

"牛蒡、萱草等植物，种在肥土上，可以长得茂盛，萱草则花色深，花期达几个月。要是在贫瘠的土地上种植，萱草花色浅，开花时间也不久，但是石菖蒲、石斛等，只有种在砂土里才能长得好。"

"咳咳咳咳，"李时珍大声咳嗽起来，他捶了捶自己的腰，心中怅然，"年岁不饶人呐。"

五

为弄清药物的本来面目，李时珍往常手持剪锄，穿上草鞋，背起药筐，在徒弟庞宪和儿子建元的陪伴下，跟药农一起采药，跟猎户一起打猎。春

　　李时珍经常手持剪刀，穿上草鞋，背起药筐，在徒弟庞
宪和儿子建元的陪伴下，去深山采药。

去秋来，寒暑交替，庐山、太和山、茅山，李时珍的足迹遍布大江南北的山山水水。

李时珍曾在湖口一带行医，盛产药材的庐山深深地吸引着他。悬崖绝壁上生长着奇异的松柏怪树，不时有瀑布从上面飞流而下，飘摇洒落如雨雾迷蒙。谷底阴暗潮湿如井底，终年难见阳光，抬头仰望，只见高天渺如一线。只有夏日的正午时分，阳光才会穿过林木，斑驳地投射在谷底。

他不顾疲劳地攀五老峰、下三叠泉、爬仙人洞、过龙首崖，在荆棘中跋涉，在悬崖上攀缘，忘情地采集着各种药物标本。

他们几进几出锦绣谷，这里生长的瑞香、石耳、紫罗兰、满地金、刘寄奴、何首乌等都被载入《本草纲目》中。

太和山，相传真武曾在此修炼，为道教名山。嘉靖帝将武当山封为天下第一名山，每逢有重大事件，都会令人在武当山斋醮。

正因为如此，这是一座没有经过樵采的深山，山上草木茂盛，古树参天，遍地都是药材，是一个天然药库。《本草纲目》记载的中草药中，417种出自武当山。

夜空深邃，碎星如尘。太和山深处的一座小木屋透出昏黄的灯火，这是猎户进山的临时住处。

尽管房屋早已破败不堪，遍布尘土蛛网，但在这冰雪初融、山路泥泞的季节里，对于李时珍一行三人来说，已是无比舒适的居所。

昏黄的烛光下，李时珍还在孜孜不倦地记录着："五倍子，五六月间，有小虫如蚁，食其汁，老则遗种，结小球于叶间……宛若结成。其壳坚脆，其中空虚……山人霜降前采取，蒸杀货之。"

"师父，您的精神可真好。"庞宪坐在篝火边上打着呵欠，边上架着的是被淋湿的衣服，白天那场倾盆大雨，淋得他们浑身湿透，身子几乎冻僵。

李时珍披着一件薄薄的毯子，浑然不顾屋内刺骨的寒气，欣喜地说道："古人都以为五倍子是盐肤木树上结的果实，《开宝本草》将其列入草部，《嘉祐本草》则将其收入木部，这次我们在山里正好看到野生倍林，才发现它并非草木，而是虫子。

一段冤案，就此了结，我能不高兴吗？"

"建元，你好好把它画下来。"

李时珍兴奋地在屋内走来走去，李建元和庞宪早已呼呼大睡。

本草纲目

一

雨过天晴，空气清新，大地郁郁葱葱。

有几只小鸟在树上歌唱，漫长的冬天终于过去，也许它们是在庆祝新春的到来吧。

蔼所馆里，李时珍在一册书稿的封面端端正正用楷书写下：

本草纲目，卷五十二。

"成稿了！"放下笔的那一刻，李时珍内心感慨万千。

这一年是万历七年（1578），从李时珍三十五岁着手编书算起，已经过去了整整二十七年。

寒来暑往，守一盏孤灯。

几十年的耕耘，大明朝的天子都已经换了三个，终于迎来了金色收获的季节。

如今的他，已然须发尽白，是一位六十一岁的老人了，这一切怎能不让他感慨万端呢？

"师父，最后一卷还要几日才能写完？"庞宪推门进来。

李时珍靠在椅背上，只是看着他，面带笑意，不说话，庞宪愣住了，把目光投向桌面，一下子就叫了起来："啊，写好了！"

他像个孩子一样兴奋，随即又忍不住热泪盈眶感慨道："翻过千重山，跑了万里路，请教了无数人，总算把它给写好了。"

吴氏眼含泪花，心疼地看着丈夫瘦削的身影，激动地说："谢天谢地，总算盼到写完的这一天。"

李时珍面带愧疚地看着妻子说道："这些年来，为了写书，让你也吃了太多的苦头。"

四邻八舍都来了，整个瓦硝坝都轰动了。每个人都春风满面，喜气洋洋。历朝历代都是朝廷出面主持编修的《本草》，李时珍却是靠着一家三代齐上阵，父子兄弟同努力，花了几十年的时间编成皇皇巨著。有谁会不高兴，有谁会不激动呢？

李时珍看着摆了满满一桌的书稿，想到了去世的父亲，心神不禁一阵恍惚，感慨地说道："这里面有多少人的心血啊，希望能对后人有所帮助。"

二

万历七年（1579），武昌。

时值清明，大自然处处显示出勃勃生机。城外云雾山的红白杜鹃，漫山遍野竞相盛放，让人不禁沉醉在这美好的春日之中。

"老先生您慢走，如此著作真是难得，换别的书商试试吧。"伴随着客气的送客声，李时珍带着李建元和庞宪，背着沉重的书稿，走出了一家书商的店门。

庞宪郁闷地说："已经是第三家了。"

李建元安慰道："也许下一家就答应了呢。"

武昌，李时珍并不陌生，他曾经多次来这里，年轻时为了功名，中年时为了生活。如今，一把年纪，是为了理想。然而，理想是丰满的，现实却是骨感的。

"先生精神可嘉，至于刊印出版嘛，190万字的书稿，工费实在太大，我们本小利薄，请您到别处问问吧。"

"从古至今，已经有了这么多《本草》，你老人家标新立异编这么厚的《本草》，会有人买吗？我们费时费力给你刻印，最后卖不出去，都喝西北风吗？"

"我们只刻印热销的戏曲、小说话本，喏，《六十家小说》《列国志》《北宋志传》《封神演义》，老人家你要写这个才行。"

十多天下来，李时珍跑遍了书坊林立的武昌府，十多家书商的答复都是如出一辙。要么嫌刻印量太大，要么担心刻印之后无人购买。日日奔走，结果却注定是徒劳。

明代嘉靖前后，书坊刻工每页（以500字计）的工价是银1钱5分，只要30两纹银，便可请人刻一部10万字的书。

可是《本草纲目》全书共190万字，仅工匠镂版花费就将近600两，加上木板、纸张、墨等原材料与刷印、装订的费用，总计1000两左右白银。

如此高昂的花费，自然让很多书商不敢承接。

李时珍的家境也无力支撑，他经常不收诊金为人看病。家里唯一拿俸禄的，是在四川蓬溪当了十年知县的儿子李建中，他爱民如子，为政清廉，整日穿着布袍，头戴角巾，人称"李青天"。

后来李建中被朝廷擢升为云南永昌通判，他却以双亲年老为由，三次向皇帝上书辞官。

别人是"三年清知府，十万雪花银"，李建中归来时却是两袖清风，仅带点核桃、竹笋、白糖馈赠亲友。

话说回来，李建中为正七品文官，年俸折合银两，不过58两5钱，哪怕不吃不用全部攒着，也要十多年才能凑够1000两白银。

庞宪哀叹："写书花了三十年，原以为大功告成，没想到这刻印书稿居然比写书还难。"

李时珍心怀不甘，回到了家中。

李建元小心翼翼地说："张大人现在位居内阁首辅，要不要请他帮忙？"

李时珍摆摆手道："不可，太岳兄性子太过刚烈，执政以来力行改革，走的是一条艰难的'逆流'之路，我不能再给他添麻烦了。"

"听说他给皇帝上课，陛下背诵《论语》时稍有差错，他都毫不留情地大喝。前年，他父亲去世，他没有按照惯例回家守丧三年，遭到许多政敌攻讦。我想到历史上那些煊赫一时的权臣的结果，真是为他担心啊。"李时珍的话语里透着满满的忧心。

"《本草纲目》是我毕生的心血，倚仗他的身份，或许能加快进度，也可能因为他最后万劫不复。"

李时珍摇了摇头，眼睛望着窗外。

天空阴沉，雨水依旧没有落下来，就如同他的心情。

三

当听说南京书商很多，号称"图书之府"的消息后，六十三岁的李时珍决定亲赴南京，寻找出版机会。没想到的是，仍没有一家书商愿意刊印《本草纲目》。

有家好心的书商提醒李时珍，市场上都喜欢内容精彩、图文并茂的戏曲小说之书，只要畅销就能很快收回成本，进而赚取利润。而要出版一部医药类的学术专著，体量还是这么大，除非有名家推荐，否则前景渺茫。

这时，李时珍想到了王世贞。他曾在富顺王府内，与在湖北出任湖广按察使的王世贞有过一面之缘。

王世贞主导明代文坛二十余载，号称"才最高，地望最显，声华意气笼盖海内"。

多少文人墨客奔走其门，重金购其片言嘉奖。据统计，王世贞应请为他人著述所作序文多达319篇。一旦得到王世贞的推荐，这些著作便"声誉鹊起"，连带着作者也是"身价骤升"。

万历八年（1580）九月，李时珍带着沉甸甸的书稿，从南京顺江而下，直至太仓直塘的弇山园，见到了王世贞，希望他能帮忙推荐。

可惜李时珍来得不是时候。王世贞罢官后，不仅迷上了修道，还折服于一个自称是神仙转世的年仅二十二岁的女道士，并拜她为师。

此时，女道士正号称要"羽化飞仙"，即在众人面前自杀身亡。李时珍对此嗤之以鼻。这下就惹恼了正痴迷修道成仙的王世贞。

不过，作为一代名士，他既没有恶语相向，也没有关门谢客，反而留李时珍在家住了几天。

只不过李时珍离去的时候，王世贞终究没给他写序，只是写了一首诗，自称"戏赠"，诗曰：

> 李叟维肖直塘树，便睹仙真跨龙去。
> 却出青囊肘后书，似求玄晏先生序。
> 华阳真逸欲临仙，误注本草迟十年。
> 何如但附贤郎舄，羊角横抟上九天。

大意是：在我的仙师羽化飞升之时，李时珍来了，他拿出《本草纲目》请我作序。当年陶弘景在快要成仙得道之时，就是因为注解《本草》而被耽误了十年。我认为这种事不妨交给你的儿子去做，你专心修道成仙才是正事。

李时珍不可能在修道一事上违心妥协，最终只能怏怏而归。

谁也没想到，这一等就是十年。

万历十年（1582），张居正病逝，家人遭到报复，儿子自杀。

得到消息后，李时珍沉默许久，数十年间的交往瞬间在脑海中浮现，恍惚间又听到张居正用熟悉的湖北乡音念道："愿以深心奉尘刹，不予自身求利益。"

他挑亮油灯，默默打开《本草纲目》，继续修改。因为他知道，自己选择的同样是一条逆流而上、不进则退的道路。

寒来暑往，李时珍日渐衰老。

一年一年过去了，他的希望越来越渺茫，厚重的书稿摆放在书房里，没有一个书商愿意刻印。

万历十八年（1590），李时珍已是七十三岁的老人，支撑他生命的唯一支柱，就是《本草纲目》的付梓。

想到一辈子的心血就要这样付诸东流，李时珍心里不甘。

"不行，我还要试试，再去太仓一趟。"

这一次，王世贞被李时珍所感动，终于答应为《本草纲目》作序。

他在序中称赞李时珍为"真北斗以南一人"，又感叹此书不能仅以医书视之，而是"性理之精微，格物之通典，帝王之秘录，臣民之重宝"。

就在序言写成后不久，当年十一月，王世贞病逝。

四

"怎么南京还是没消息？"

"快了。"庞宪望望外面的天色，七月末八月初的蕲州，还是热得让人心烦。蝉吱吱地叫，听着比盛夏时急促，仿佛知道余日无多。

"庞宪啊，我小的时候总觉得几十年很遥远，听古人讲什么弹指一挥，逝者如斯夫，心想哪有那么快？没想到啊没想到，咱们这本书编了二十七年哪！不过，总算是编好喽，七十三、八十四，为师

　　建元上气不接下气地跑过来，说："胡承龙已经开始刻印了！"李时珍顿时觉得自己失去了平衡，赶紧倚靠着门。

可以安心地去喽。"李时珍笑着说。

"师父您说什么呢，您要长命百岁，还要等着书付梓……"庞宪跟随李时珍多年，内心深处早已把他当成自己的父亲，父恩似海师恩如山，他实在不能想象没有师父的日子，浑然忘却李时珍已经是七十三岁高龄的老人。

"咚咚咚……"一阵急促的敲门声传来，"胡承龙已经开始刻印《本草》了！"李建元上气不接下气地跑了进来，手上还拿着一封信。

刚才还在和庞宪开玩笑的李时珍，顿时觉得自己失去了平衡，赶紧倚靠着门。

"快给我看信！"李时珍掩饰不住激动。

原来，有了王世贞的题序之后，南京书商胡承龙决定冒险一试，承印《本草纲目》。

胡承龙恐怕做梦也不会想到，一辈子刻了那么多书，真正让自己名垂青史的竟然是这部当初几乎无人问津的《本草纲目》。

但是，《本草纲目》仅核对和刻印工作就用了整整四年时间。

万历二十一年（1593），李时珍重病在床，自知时日无多的他写了一篇遗表，倾诉自己编写《本草纲目》的初衷，恳请朝廷"恩准礼部，转发史馆采择，或行太医院重修"，以便此书能帮到更多人。

他经常默默地看着雨湖。黑夜降临后，外面一片漆黑，空气潮湿，弥漫着白茫茫的迷雾。

春天里，这样的雾能化开残雪，也许雾本身就是由残雪融化而成。透过迷雾，李时珍仿佛看到了自己为了《本草》而度过的一生。

不久之后，李时珍与世长辞，终年七十六岁。

此时，他花了毕生心血所编的《本草纲目》，还在金陵日夜刻印。

万历二十四年（1596），也就是李时珍去世后的第三年，《本草纲目》写成十八年后，终于在南京出版五百套，史称"金陵本"。

李时珍
生平简表

●◎ **正德十三年**（1518）

─────────────────────────

生于湖北蕲州。

●◎ **嘉靖十年**（1531）

─────────────────────────

十四岁中秀才，即"补诸生"。

●◎ **嘉靖十三年**（1534）

─────────────────────────

首次赴武昌参加乡试考举人，未中。

●◎嘉靖十九年（1540）

第三次赴武昌应乡试，不第。经父亲同意后，转而学医。

●◎嘉靖三十四年（1555）

因为医术精湛，被楚王聘为奉祠正（主管祭祀），兼管良医所。

●◎嘉靖三十七年（1558）

朝廷令地方举荐名医入太医院补缺，经楚王推荐，李时珍入太医院，曾任太医院院判。

●◎嘉靖三十九年（1560）

李时珍在家乡雨湖北岸筑新居，自号濒湖山人。

●◎嘉靖四十三年（1564）

长子李建中乡试考中举人。同年，李时珍父亲李言闻逝世。

● ◎ 嘉靖四十四年（1565）

带弟子庞宪和次子李建元外出查访药物。此后三四年间，足迹遍于湖广、江西、安徽、江苏等地。所到之处，向药工、药商、农夫、樵夫、渔翁、矿工询问各方面药物知识。再亲自采摘尝试，制作标本，为《本草纲目》收集第一手资料。

● ◎ 隆庆三年（1569）

编《濒湖集简方》，撰写《本草纲目》初稿。

● ◎ 隆庆五年（1572）

著成《奇经八脉考》。

● ◎ 万历六年（1578）

《本草纲目》定稿。

● ◎ 万历七年（1579）

先后到黄州、武昌、南京等地洽谈印书事宜。经长子李建中请封，李时珍被明神宗敕封为文林郎、四川蓬溪知县。

●◎万历八年（1580）

到南京联系刻印书稿。九月，到太仓拜访文坛领袖王世贞，请他为《本草纲目》写序。

●◎万历十八年（1590）

王世贞为《本草纲目》作序，曰："博而不繁，详而有要。"金陵书商胡承龙为《本草纲目》刻版。

●◎万历二十一年（1593）

李时珍七十六岁，临终前嘱托次子李建元将《本草纲目》进奉于朝。后葬于蕲州东门外雨湖之滨竹林湖畔。

●◎万历二十四年（1596）

李时珍去世三年后，《本草纲目》在金陵刊印成功。同年，李建元向朝廷献《本草纲目》。